仏教各宗

『諸宗破折ガイド』分冊版①

はじめに

このたび『諸宗破折ガイド』の分冊版第一巻「仏教各宗」を発刊いたしました。

『諸宗破折ガイド』は宗旨建立七百五十年慶祝記念局の記念出版委員会の編纂により、平成十五年三月二十八日に刊行され、平成十九年一月一日に改訂第二版を刊行いたしました。

今回の改訂に当たっては、各宗派の本山所在地や寺院数などの基本情報を最新のものに改めるとともに本文全体を見直し、より正確な破折ができるように努めました。

本宗僧俗におかれましては、本書を熟読玩味し、折伏弘通に邁進されることを念願いたします。

最後に、改訂作業に当たって宗内の関係各位に多大な協力をいただきましたことに篤く御礼申し上げます。

令和四年九月十二日

日蓮正宗宗務院

目次

凡例

一、本書は、平成十九年一月一日に刊行された「諸宗破折ガイド」第二版を改訂した上で、『大日蓮』令和二年七月号（八九三号）から十一月号（八九七号）と、同三年六月号（九〇四号）に掲載した内容を、加筆して収録したものである。

一、各宗の沿革・信徒数等は、文化庁編『宗教年鑑』（令和二年版）をはじめ、各教団発行の機関誌類、参考資料等によった。

一、本書に使用した略称は次のとおり。

御　書 ― 平成新編日蓮大聖人御書（大石寺版）

法華経 ― 新編妙法蓮華経並開結（大石寺版）

第一章　仏教各宗

宗教団体法が施行された昭和十五年以前、宗教学上で伝統教義と定義される日本の仏教宗派は、十三宗五十六派に分かれていた。十三宗とは、法相宗・華厳宗・律宗・天台宗・真言宗・融通念仏宗・浄土宗・臨済宗・浄土真宗・曹洞宗・日蓮宗・時宗・黄檗宗（成立順）である。

戦後、新しい宗教法人法のもとで、それぞれの宗派内で分立が起こり、令和元年には百五十六派（宗教年鑑・令和二年版）を数えるに至っている。

ここでは、これら十三宗のうち、日蓮系を除く各宗派を南都六宗・天台系・真言系・浄土系・禅系に分類し、そこに属する現存の宗派について、沿革・教義・修行等の概略を述べ、破折を加える。

一、南都六宗

「南都六宗」とは、奈良時代の六つの宗派、倶舎宗・成実宗・律宗・法相宗・三論宗・華厳宗を言う。「南都」とは、のちに京都（平安京）を北都と言ったのに対して、奈良（平城京）を指したものである。

日本への仏教の公伝は六世紀の欽明天皇（または宣化天皇）の時代であるが、推古天皇・聖徳太子（五七四～六二二）の時代に至って本格的に招来された。

聖徳太子は、摂政として仏教思想を基とした国家社会の構築を目指し、推古天皇十五（六〇七）年、遣隋使・小野妹子を派遣した。その後も僧侶を含む多くの留学生を隋に派遣して、積極的に大陸文化の摂取に努めた。さらに太子自らも四天王寺を建立し、敬田院・悲田院・施薬院・療病院の四箇院を設置して社会福祉事業を興したほか、法隆寺・中宮寺等を建立して仏教思想に基づく政治を行い、飛鳥時代の繁栄を築いたとされる。

聖徳太子没後、まもなく三論宗が伝わり、次いで法相宗が伝わった。この両宗に付随して成実宗・倶舎宗が伝えられたが、二宗は三論・法相の両教学を学ぶための補助的な学問宗派に過ぎなかった。さらに奈良時代には華厳宗と律宗が伝えられた。

これら南都六宗は、独自に宗派を形成したものではなく、寺院も原則的には官立であり、国家の庇護のもと、鎮護国家の祈願所としての役割を担うと同時に、仏教教理を研究する場所でもあった。

八世紀になると、全国的に律令体制が確立される

聖徳太子（四天王寺ＨＰより）

にともない僧尼令等が布かれ、仏教も国の統治機構に組み入れられていった。

また、聖武天皇は国家の安康と五穀豊穣を祈るため、全国に国分寺（金光明四天王護国之寺）・国分尼寺（法華滅罪之寺）を建立し、さらに総国分寺として東大寺を建立した。

平安時代に入ると、伝教大師最澄と南都六宗との間で幾多の論争が起こった。延暦二十一（八〇二）年、高雄山寺（神護寺）において、最澄は南都六宗七大寺の高僧らに対し、天台の三大部を講じて法華一乗思想を宣揚した。南都六宗側は最澄の講説に反駁することができず、最澄を讃歎する旨の書状を桓武天皇に提出した。

南都六宗関連図

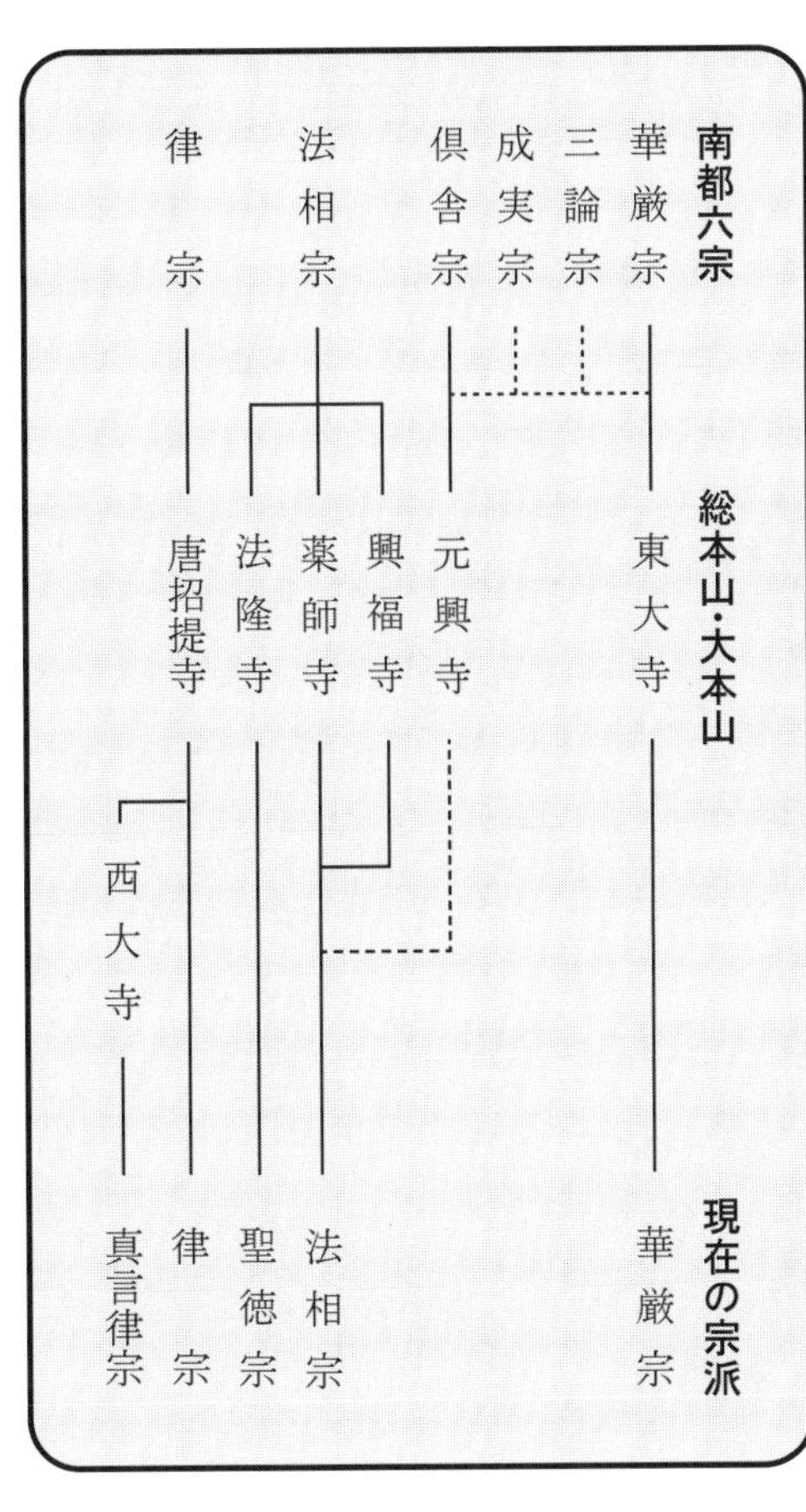

倶舎宗

【沿革】

倶舎宗は、『倶舎論』を依りどころとして仏教教理を研学する学問宗派であり、成実宗、三論宗と共に「論宗」とも呼ばれた。論宗とは、経律論の三蔵のうち、論蔵を基にした宗派である。

『倶舎論』は、正式には『阿毘達磨倶舎論』と言い、小乗の『阿毘達磨発智論』の註釈書である『阿毘達磨大毘婆沙論』の教理を、インドの世親が組織的にまとめたものである。『倶舎論』は、中国では陳の光大元(五六七)年、真諦によって訳出され、次いで唐の高宗の永徽五(六五四)年、玄奘によって新訳された。以後、『倶舎論』の研究は、真諦系と玄奘系との二系統に分かれたが、次第に玄奘の系統が盛んとなった。

日本には法相宗と共に玄奘の系統が伝えられたが、これには法相宗と同様、南寺伝（元興寺伝）と北寺伝（興福寺伝）との二伝がある。天平勝宝三（七五一）年ごろ、倶舎宗として一宗派を形成したが、延暦二十五（八〇六）年以後は、法相宗の寓宗（他宗に寄寓する宗派。付宗とも言う）となっている。

【教義の概要】

『倶舎論』では、一切の存在を構成する要素を指して「法(達磨)」と呼び、この法の離合集散によって、自己およびあらゆる現象界が成立していると説く。そして、この諸法を色法・心法・心所法・心不相応行法・無為法の五位に分け、さらにそれを七十五法に細別し、これによって輪回の世界を説明している。この法によって構成される現象界の事物は、すべて無常であり無我であるが、その法自体は実有であると説いている。このように、一切は実有であると説く人々を「説一切有部」と称した。

倶舎宗の教理は「用滅説」と「体滅説」に大別

することができる。「用滅説」とは南寺伝で主張されるもので、諸法はその実体が生滅するのではなく、作用が滅するのであって、実体は三世にわたって実有であるとする説である。これに対して「体滅説」とは、北寺伝で主張されるもので、諸法は縁によって生じ、刹那刹那にその実体は滅亡するという説である。

【修証論】

倶舎宗では、煩悩を断じ悟りを得る観法として「四諦十六現観」を説き、これによって小乗の極果である阿羅漢果の位に至るとしている。

四諦とは、苦諦・集諦・滅諦・道諦という四つの真理のことで、釈尊が最初の説法で説いたものと言われている。

一、苦諦とは、迷いのこの世はすべてが苦であるということ。（迷いの果）

二、集諦の集とは招集の意を言い、苦諦である迷界の果報を招く因と縁のことで、煩悩と業が説かれる。（迷いの因）

三、滅諦とは、一切の煩悩を滅尽した状態が涅槃の境地であること。（悟りの果）

四、道諦とは、涅槃（滅諦）に至るための修行を言い、八正道を実践すること。（悟りの因）

また四諦十六現観とは、見道の位において無漏智（煩悩を離れた智慧）によって四諦の理を観ずることを言う。説一切有部の修証論によれば、修行者は見道の位において、欲界の四諦を観ずる智（法智）と、色界・無色界の四諦を観ずる智（類智）をもって現観すると言い、この二つの智にそれぞれ「忍」と「智」があり、智慧を生ずる因としての八忍と、見道の位で得られる無漏智としての八智を合わせて十六心となり、これをもって四諦の理を観ずることから四諦十六現観と言うのである。

【破折の要点】

▼倶舎宗では、現象界は無常・無我であるが、それを構成する法自体は実有であると説いている。これは釈尊が外道の考えを破すために説いた初歩的な仏教教理である。しかし、法の実有に固執すれば、仏教の基本理念である諸法無我の原理に背くことになる。この実有思想を破折したのが大乗の教えである。

大乗のなかでも法華経は、空仮中の三諦円融をもって諸法の実相を説き明かしている。したがって、倶舎宗の教義は諸法についての一面のみを明かしたもので、法華経に説かれる教えに対すれば、はるかに低い教えである。

▼倶舎宗は小乗の教えによって立てられた宗派で、説かれる修行も歴劫（りゃっこう）修行である。たとえ修行の末に悟りを得たとしても、それは小乗の極果である阿羅漢果でしかなく、法華経に説かれる即身成仏には全く及ばない。

▼倶舎宗は、平安時代の初めには法相宗の寓宗となり、現代では宗名が残っているだけで、宗団としては存在しない。

成実宗

【沿革】

成実宗は、インドの訶梨跋摩の『成実論』を依りどころとして、中国に興った学問宗派である。

『成実論』は鳩摩羅什によって訳出され、羅什門下の僧導・僧嵩らによって弘められたが、天台大師智顗や三論宗の嘉祥大師吉蔵によって小乗論と断定されている。

日本には、天武天皇の時代に百済の道蔵が来朝してから盛んとなり、東大寺、元興寺、大安寺、西大寺、法隆寺などで、三論宗に付随して研学された。延暦二十五（八〇六）年以後は、三論宗の寓宗(他宗に寄寓する宗派。付宗とも言う)となっている。

【教義と修証論】

『成実論』とは「真実を成就する論」の意で、部派仏教（小乗仏教）内の諸学派の偏った見解を整理統合し、四諦の意義を明かすことによって仏教の真実を顕そうとしたものである。

成実宗では、倶舎宗と同様に諸法を五位に大別し、さらにそれを八十四法に細別して説き、さらに苦の原因となる業と煩悩について詳説して、苦諦と集諦を解説している。

また、滅諦については、仮名心・法心・空心という三種の心を説き、これを滅することが涅槃を得るための実践であるとしている。

一、仮名心とは、仮りのものを実在すると考える心で、凡夫の心を言う。真理から見れば、これらはすべて仮であるから「仮名心」と言う。仏の教えによってことごとく苦・空・無常・無我であることを知って、仮名心を滅しなければならないとする。

二、法心とは、要素的な存在そのものを認める心を言う。すなわち、我々の身心は色受想行識の五陰仮和合であり、実有としての我（定まった性質）はないと知っても、五陰そのものの存在を認める心が残るため、法心を滅しなければならないとしている。

三、空心とは、一切諸法すべては空無であると考える心を言う。法心の滅によってすべてが空に帰しても、まだ一切は空であるという考え方が残るため、そこで空に囚われた心を滅して涅槃を得なければならないとしている。

この三種の心を滅する具体的な方法として、二十七の修行の階位を設け、析空観によって空理を悟り、涅槃に至ることを説いている。析空観とは析色入空観の略で、諸法を徹底的に分析すれば、すべてが因縁仮和合のものに過ぎず、定まったものは何もないという空諦を悟る観法を言う。

最後の道諦については、苦を滅し悟りを実現するために禅定と智慧を説き、智慧のなかでも特に空と無我を悟る「真智」を強調している。

このように成実宗では、衆生の身心は色受想行識の五陰の仮和合であり、実有としての我はないという我空と、その五陰の法も実体があるものではなく、因縁和合のものに過ぎないとする法空の二空を立て、析空観によって一切諸法はすべてが空であると達観し、その上に四諦の理を得ることを説いている。

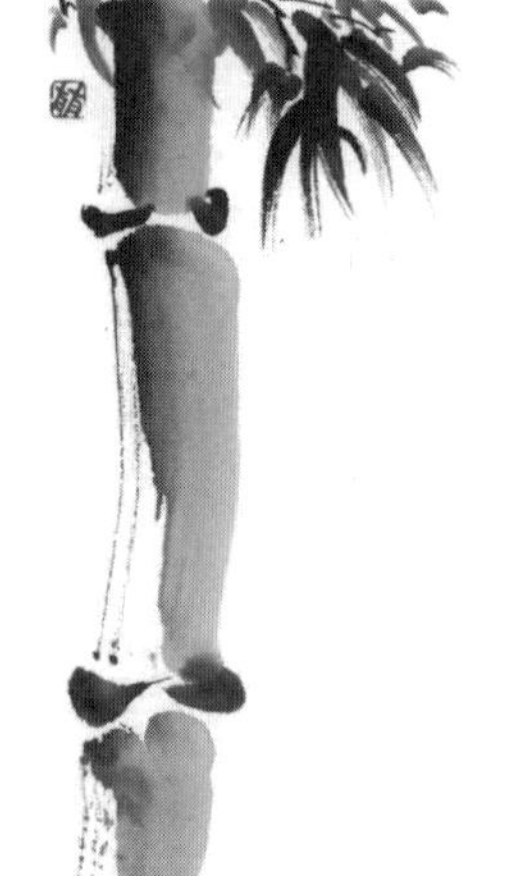

【破折の要点】

▼成実宗も倶舎宗と同様に、小乗の教えを基に成立した宗派であり、我法の二空を立てるが、析空観によって悟る空理は小乗の「但空」の理に過ぎない。諸法の真実の相は空仮中の三諦が円融しているもので、それを説き明かしたのが法華経である。『成実論』も『倶舎論』と同様に、仏教の基礎的な教理を説いたものに過ぎず、末法の衆生を救う教えとはならない。

また、修行の面でも、二十七の階位に基づいた歴劫(りゃっこう)修行であり、悟りに至ったとしても、それは小乗の極果である阿羅漢果にとどまるものである。

▼成実宗は、伝来当時は仏教の基礎学として講学されたが、平安初期に三論宗の寓宗となり、現在では宗名のみで、宗団としては存在していない。

律宗

【宗　祖】鑑真（六八八～七六三）
【高　祖】道宣（五九六～六六七）
【本　尊】梵網経の教主、盧舎那仏
【経　論】四分律・梵網経・法華経・道宣の著述
【総本山】唐招提寺　奈良市五条町一三―四六
【寺院教会数】二八
【教師数】一六
【信徒数】二三、八〇〇

【沿革】

日本に伝来した律宗は南山(なんざん)律宗であり、梵網経(ぼんもうきょう)の盧舎那仏(るしゃなぶつ)を本尊とし、『四分律』、梵網経、法華経と、道宣の著述を所依とする。戒律を持(たも)つことによって悟りを得られるとする宗旨である。

中国の唐代に道宣が南山律宗を立てたことに始まり、道宣の孫弟子である鑑真(がんじん)によって日本に伝えられた。

天平勝宝六（七五四）年、六度目の渡航でようやく来朝を果たした鑑真は、聖武上皇の勅請を受けて東大寺に戒壇院を設け、上皇をはじめとする多くの人に戒を授けた。日本には戒律を授ける正式な戒壇がなかったが、以後、この戒壇院において公式の授戒が行われるようになった。

天平宝字三（七五九）年、鑑真は朝廷から新田部親王の旧宅を賜り、そこに唐招提寺を建立して止住した。以後、唐招提寺は朝廷から篤く外護され、戒律の根本道場として栄えた。

また同五年には、筑紫（福岡県）観世音寺、下野（栃木県）薬師寺にも戒壇が設けられた。東大寺を含むこれらの戒壇は「日本三戒壇」と称され、以後、僧尼の受戒（授戒）はすべて、この三カ所で行われるようになった。

平安時代になると、伝教大師最澄が天台宗を弘め、法華一乗の教えに基づいた大乗戒を主張して、それまでの戒を小乗の戒律として退けた。そして最澄滅後、比叡山に円頓戒壇が建立され、また弘法大師空海の真言宗が興隆したことも加わって、律宗の勢力は次第に衰えていった。平安末期には実範、鎌倉時代には覚盛や西大寺の叡尊らが出て律宗の復興が計られた。

これら東大寺戒壇院、唐招提寺、西大寺を中心とする奈良地方の律宗を南京律（南都律）と呼ぶのに対し、鎌倉時代の俊芿が中国宋代の南山律宗を学んで京都に創建した泉涌寺を中心とした律宗を北京律と呼ぶ。

以後、唐招提寺・東大寺戒壇院・泉涌寺・西大寺が律宗の四本山となったが、このうち西大寺は、空海を高祖、叡尊を宗祖として戒密双修

律宗 唐招提寺 金堂（唐招提寺ＨＰより）

を唱え、のちに真言律宗を立てた。

また、江戸時代には、天台宗や浄土宗のなかから『四分律』を取り入れた安楽律、浄土律、正法律などが興(おこ)ったが、時代とともに衰退した。

明治になると、政府は律宗の独立を認めず、真言宗に組み入れたが、のちに律宗として独立し、現在に至っている。

【教義の概要】

律宗は『四分律』に説かれている二百五十戒、三百四十八戒等の戒律を持つことにより修行を進め、悟りが得られるとする宗派である。

〈化教・制教の二教判〉

道宣は、一代仏教を化教と制教に分ける教判を立てた。化教とは教理を説く経論を言い、制教とは仏弟子の守るべき戒行を明らかにする戒律を言うとする。道宣は、この制教を宗の本分として律宗を創始した。

化教には性空(しょうくう)教・相空教・唯識円教の三種があるとする。性空教とは人法の性空を説く小乗の教えで阿含経や『摩訶僧祇律(まかそうぎりつ)』『四分律』『倶舎(くしゃ)論』『成実論(じょうじつろん)』に説かれるもの、相空教とは「般若皆空」を説く大乗の浅教で般若経等に説かれる教え、唯識円教とは性相円融を説く大乗の深教で法華経や涅槃経等に説かれる教えであるとする。

〈分通大乗説〉

律宗の所依の教典である『四分律』は本来、小乗の教典であり、その内容は性空教に当たる。しかし、道宣は一切諸行を戒行と見て、定慧も戒に含まれるとし、『四分律』はその一分が大乗の深教である唯識円教に通ずるものであるとした。これを「分通大乗説」と言う。

これらの道宣の教えを基に、律宗では『四分律』で説く小乗の戒律を、大乗戒である『瑜伽(ゆが)師地論』の摂律儀(しょうりつぎ)戒（戒を守り、非行・悪行を防止する）・摂善法戒（進んで善を行う）・摂衆生戒（衆生を利益する利他行）の三聚浄(さんじゅじょう)戒に配当している。

律宗は、この大乗の精神に立って身口意（行動・発言・精神）の三業にわたり、戒を持ち、止悪、修善、回向衆生（衆生の幸せのために積極的な導きをすること）を行じていくことを教旨としている。

【律宗の戒律】

律宗では、戒律は身口意のすべてに及び、以下の戒律を守り実践することが、悟りを得る道であるとしている。

一、五戒…不殺生戒・不偸盗戒・不邪婬戒・不妄語戒・不飲酒戒で、在家信徒が守るべきものとされる。

二、八斎戒…五戒に、不香油塗身戒（化粧をしたり装身具を身につけてはいけない）・不歌舞観聴戒（歌を歌ったり聞いたり、芝居をしたり見たりしてはいけない）・不高広大床戒（身体に心地よい、高く広く大きな寝床で寝てはいけない）を加えたものであり、さらに斎法としての不非時食戒（正午を過ぎてから食事をしてはいけない）を加える。これらは信徒が寺院において一日一夜だけ持つ戒であり、修行日は毎月八、十四、十五、二十三、二十九、三十日（六斎日）に特定している。

三、十戒…八斎戒に不蓄金銀宝戒（財産を蓄えてはいけない）という戒を加えたもの。沙弥、沙弥尼（見習いの修行僧尼）が守るべき戒。

四、具足戒…比丘は二百五十戒、比丘尼は三百四十八戒という、日常生活の細部まで規定した戒。

真言律宗

【宗　祖】叡尊（一二〇一～一二九〇）
【高　祖】空海（七七四～八三五）
【本　尊】大日如来・諸仏菩薩天部等
【経　論】金剛頂経・大日経・瑜祇経・蘇悉地経・梵網経・『四分戒本』等
【総本山】西大寺　奈良市西大寺芝町一―一―五（本尊は釈迦如来）
【寺院教会数】八七
【教師数】一一四
【信徒数】九一、五〇〇

真言律宗は、西大寺を総本山とする宗派で、真言宗の教義に基づき、律宗で説く戒律を遵守し、衆生を救済すること（済生利人（さいしょうりにん））を教旨としている。したがって、真言宗と律宗とが混ざり合った宗派と言える。

真言律宗では、空海を高祖とし、叡尊（えいぞん）を宗祖としている。叡尊は醍醐（だいご）寺で得度し、高野山などで真言密教を修行したことなどから、唐招提寺や東大寺戒壇院とは戒観を異（こと）にしていた。叡尊は西大寺に住すると西大寺流を打ち立て、独自の布教活動をするようになった。

西大寺は律宗の寺院であったが、叡尊以後、真言律を唱える門流の中心となっていった。そして、叡尊を西大寺初代長老とし、二代長老・信空の時に真言律宗の基礎が固まった。

叡尊らは道路の整備や寺院修造のための勧進を行ったことから、後宇多天皇が全国六十余州の国分寺を西大寺の子院とし、一時は千五百余カ寺を末寺としたと言われる。しかし戦国時代になると、律宗と共に真言律宗も衰退していった。

明治五（一八七二）年の太政官の通達によって、律宗の各派はすべて真言宗に帰属したが、同二十八年、西大寺派は真言律宗として独立し、今日に至っている。

【破折の要点】

▼日本の律宗の始まりは、鑑真が中国の南山律宗を伝えたことによる。鑑真はこの時に、天台の法華三大部等の典籍も伝えている。

鑑真は当時の日本の仏教事情を鑑み、まず基礎的な律蔵を基とした教えを弘めたのであり、それよりはるかに高度な教えである天台の教義は弘めず、後世の弘通に託したのである。したがって、鑑真が伝えた律宗は、法華経を弘めるために機を調える教えに過ぎない。

▼律宗では、戒律を守り修行を実践することが、悟りを得る道であるとしている。仏道修行において防非止悪を旨とする戒律は大切なものであるが、律宗で説く戒律は大乗に通じるとは言っても、実際には小乗の戒律である。これは二百五十戒、三百四十八戒などによって日常生活の細部にわたる規則を定め、行動や発言、精神を規制するもので、末法の衆生には実行不可能な修行である。

日蓮大聖人は『祈祷抄』に、

「正像既に過ぎぬれば持戒は市の中の虎の如し」（御書六三〇㌻）

と仰せられ、末法においては、持戒の聖者などは町中に虎がいないのと同様に、ありうるものではないと教示されている。

▼律宗は、現在では大乗を装っているが、本来は小乗の教えに基づいた宗派である。小乗教は自利のみを目的としたもので、一切衆生を救済しようとする仏の意に反するものであり、自他共に成仏を願って修行する大乗教に対し、はるかに低級な教えである。

▼律宗では、道宣の「分通大乗説」を基

真言律宗　西大寺 本堂（西大寺HPより）

に、小乗の戒を大乗戒で説く三聚浄戒に当てはめ、大乗の教えに通ずるものであると主張している。

しかし、日本天台宗の開祖・伝教大師最澄は、律宗をはじめ南都六宗が主張してきた戒は、あくまでも小乗の戒であるとして捨棄し、大乗円戒こそ大乗の教えにふさわしい戒であるとして、法華経を基にする円頓戒壇の建立を目指したのである。

実大乗教である法華経の法師品に、

「我が所説の諸経　而も此の経の中に於て
法華最も第一なり（中略）已に説き、今説
き、当に説かん。而も其の中に於て、此の法
華経、最も為れ難信難解なり」
（法華経三二五㌻）

と説かれ、釈尊は一切の経典のなかで法華経が最高の教えであると示されている。

また方便品には、

「正直に方便を捨て」（同一二四㌻）

と説かれ、譬喩品にも、

「余経の一偈をも受けず」（同一八三㌻）

と示されて、小乗教はもちろん、爾前権教に説かれる教義、修行、悟りのすべてを捨てよと教示されている。

さらに宝塔品では、

「此の経は持ち難し　若し暫くも持つ者は
我即ち歓喜す　諸仏も亦然なり　是の如き
の人は　諸仏の歎めたもう所なり　是れ則ち
勇猛なり　是れ則ち精進なり　是れ戒を持
ち　頭陀を行ずる者と名づく」
（同三五四㌻）

と示され、法華経を受持することが、戒を持ち、仏道精進することになると説かれている。

これらのことから、律宗は明らかに仏意に反していると言える。

法相宗

【宗　祖】基（六三二〜六八二）
【始　祖】玄奘（六〇〇〜六六四）
【本　尊】弥勒菩薩・諸仏菩薩
【経　論】『成唯識論』・解深密経・『瑜伽師地論』
『唯識三十頌』等
【大本山】興福寺　奈良市登大路町四八
（本尊は釈迦如来）
薬師寺　奈良市西ノ京町四五七
（本尊は薬師如来）
【寺院教会数】一七二
【教師数】二八九
【信徒数】五六四、三二二

【沿革】

法相宗は、インドから唯識の経論を持ち帰って翻訳した玄奘を始祖とし、その弟子・慈恩大師基を宗祖として、中国の唐代に興った学派仏教である。

法相宗の教義の根本である唯識思想は、インドの弥勒・無著・世親らが唯識大乗の教えを基として大成したものである。

世親以後の唯識学は、インドにおいて盛んに研学され、瑜伽学派（瑜伽行派）と言われた。これには、徳慧・安慧・真諦の系統と、陳那・無性・護法・戒賢の系統などがあったと言われる。玄奘は戒賢より唯識教理を伝授されて中国に持ち帰り、その弟子・基が法相宗を開いた。

日本への初伝は白雉四（六五三）年に入唐した道昭によって、第二伝は斉明天皇四（六五八）年に入唐した智通・智達によってもたらされた。道昭・智通・智達は玄奘より教えを受け、帰国後、元興寺を拠点として講学したので、元興寺伝あるいは南寺伝と呼ばれた。

さらに、第三伝は大宝三（七〇三）年に入唐した智鳳・智鸞・智雄によって、第四伝は養老元（七一七）年に入唐した玄昉（げんぼう）によってもたらされた。智鳳・智鸞・智雄・玄昉は、基の孫弟子である智周より教えを受け、帰国後、興福寺を拠点として講学したので、興福寺伝あるいは北寺伝と呼ばれた。

平安時代前期には、徳一が出て、伝教大師最澄の法華一乗の教えに対し、「三乗真実・一乗方便」の義を立てて論難した。これを「三一権実（ごんじつ）論争」と言う。

鎌倉時代以降、法相宗の宗勢は振るわず、さらには明治維新の廃仏毀釈（きしゃく）によって衰退したため、一時、真言宗に併合された。その後、明治十五（一八八二）年に法相宗として独立し、同二十五年には興福寺・法隆寺・薬師寺を三本山と定め、三本山制・一管長制となった。昭和二十五年、法隆寺が聖徳宗として分派独立したので、現在は興福寺と薬師寺を二大本山としている。

【主な寺院】

〈興福寺〉

興福寺は、藤原鎌足の妻が夫の病気平癒（へいゆ）の祈願のため、天智天皇八（六六九）年に建立した山背（やましろ）（山城）の山階寺（やましなでら）が前身で、天武天皇の時に飛鳥に移され、厩坂寺（うまやさかでら）と称した。その後、平城京遷都とともに和銅三（七一〇）年、現在の春日の地に移されて、興福寺と改称した。

法相宗　興福寺 中金堂（興福寺HPより）

〈薬師寺〉

薬師寺建立の由来は、天武天皇九（六八〇）年、天武天皇が皇后（のちの持統天皇）の病気平癒を祈願して飛鳥の地に一宇建立を発願したことによる。その後、天武天皇が崩御したため、持統天皇がその遺志を継いで藤原京に伽藍を完成させた。平城京遷都に伴い、養老二（七一八）年、平城京に移された。

薬師寺の法相教学は、初伝の道昭系と第三伝の智鳳系によるが、八宗兼学の学問寺として栄えた。天延元（九七三）年の火災により諸堂が消失し、以後、教学の中心は興福寺に移った。

法相宗 薬師寺 金堂（薬師寺HPより）

【教義の概要】

法相宗は、『成唯識論』に引用される六経十一論を所依の経論とし、唯識の立場から諸法の在り方を追求した学問宗派である。

六経十一論のなかで、法相宗の正所依とされるのは解深密経と『瑜伽師地論』であるが、実際は、護法の『成唯識論』が根本聖典となっている。これは、世親の『唯識三十頌』の註釈書である。

法相という名称は、所依の教典である解深密経の「一切法相品」の品名と、法相宗の教えが、諸法の相である現象の分析・考察を重視することに由来する。

〈三時教判〉

基は、解深密経の文によって、一代仏教を初時・第二時・第三時と分ける三時教判を立てた。

初時とは、小乗の機（声聞乗）のために阿含経が説かれた時を言う。ここでは四諦の法門をもって、外道や凡夫が執着する実我は空であり、諸法は有であることが説かれた。この教えを「有教」

と言う。

第二時は「昔時」とも言い、大乗の機のために般若経を説いた時を言う。ここでは「諸法は皆、空である」との教えが説かれた。この教えを「空教」と言う。

第三時は「今時」とも言い、大小乗すべての機類のために解深密経、華厳経、法華経等の大乗教を説いた時を言う。ここでは非有非空の中道が説かれた。この教えを「中道教」と言う。これらのなかでも解深密経を最勝とし、『瑜伽師地論』『成唯識論』などは、この理を解説したものとする。

法相宗は、この教判によって、唯識説が中道の教えであり、最上の教説であるとしている。

〈五性各別〉

法相宗では、衆生が先天的に具えている性質に五種類あり、それは阿頼耶識のなかに持っている本有種子によって決定され、けっして変えることができないとして「五性各別」の説を立てる。

五種の衆生とは、次の通りである。

①定性菩薩（菩薩種性）…完全な智慧である無漏智の種子のみを持っていて、成仏できる衆生のこと。無漏智とは、四諦の理を証見する見道以上の聖者の智慧を言う。

②定性縁覚（縁覚種性）…無漏智の種子を一分持ってはいるが、修行しても縁覚の悟りしか得られない衆生のこと。

③定性声聞（声聞種性）…無漏智の種子を一分持ってはいるが、修行しても声聞の悟りしか得られない衆生のこと。

④不定種性（三乗不定性）…菩薩および声聞・縁覚等と複数の本有種子を併せ持っている衆生で、菩薩の種子を持っている者は成仏できるが、声聞・縁覚の種子のみの者は成仏できない。

⑤無種性（無性有情）…無漏智の種子を全く持っていない、成仏できない衆生のこと。

この五性各別説は、楞伽経や解深密経によって立てられたものであり、「悉皆成仏」を説く法華経等の教えは、不定性の者を励まして大乗に入らしめるための方便に過ぎないと「三乗真実・一乗方便」を主張する。

〈五位百法〉

法相宗の教義の根本は唯識思想である。唯識とは「ただ識のみ」という意味で、一切諸法の本源を尋ねると、すべて識より転変したものであり、自己の心を離れて存在するものは何一つないとする。すなわち、唯、認識が万物の存在を決定するという考え方である。

この唯識を説明するため、一切諸法を五位に分類している。

第一位　心王（心は精神の統一作用を司り、万法を生ずるので心王と言う）

第二位　心所有法（心王が所有している法という意味で、心の作用のこと）

第三位　色法（五根と五境と法処所摂色とを含めたもの）

第四位　心不相応行法（精神的なものでも物質的なものでもなく、しかも独立したもののこと。例えば、物と物との関係、あるいはそのものの持つ属性や状態などを実体視したものを言う）

第五位　無為法（因縁には無関係で、永久的に自存し不滅であるところの真理のこと）

さらに、この五位を百法に細別するが、これらの諸法は、識を離れて存在するものは何もないとして、心王を諸法の主体としている。心王とは、眼・耳・鼻・舌・身・意の六識に、末那識・阿頼耶識を加えた八識を言う。

八識のうち、眼・耳・鼻・舌・身の五識を前五識と言い、これは対境をそのまま感受するが、自ら判断したものではなく、第六の意識と共に働いて初めて判断を下し、推量するものである。

第七の末那識とは、常に第八識の阿頼耶識を対象として起こってくる自我意識である。六識による日常的な感覚・認識作用は、すべてこの自我意識によって継続して統括されている。この末那識を迷いの根源と見る。また煩悩の汚染の根拠となるものであるから、これを染汚意（ぜんまい）とも言う。

第八の阿頼耶識とは、衆生の心の根底にある根本の心を言う。阿頼耶との原語には「蔵（ひそ）む」「蔵（おさ）める」「執着する」という意味がある。これらの意味に応じて、阿頼耶識には次の三つの機能があるとする。

一、元来、阿頼耶識には、身体のなかにひそんで、身体を生理的に維持する働きがある。

二、阿頼耶識のなかには、過去のあらゆる身口（しんく）意（い）の三業（ごう）が経験として消えることなく残っている。すなわち、煩悩（ぼんのう）となる存在が種子として宿っているということであり、この故に阿頼耶識を蔵識、一切種子識とも言う。一切諸法は、この阿頼耶識に貯蔵されている種子が顕れて、対境を捉（とら）えたものであるから、すべてのものは皆、ただ識のみであるとし、この意味から根本識とも万法不離識とも言う。

三、意識の底に末那識という自我執着心を立て、この末那識が深層領域において、常に阿頼耶識を対象として、それを自我と思い続けている。

このように、阿頼耶識に基づいて現実の自己および世界が成立すると説くところから、これを「阿頼耶識縁起」と言う。

〈三性三無性〉

法相宗の教えでは、すべての存在の本性や在り方を、有無、仮実（け）という視点から、「遍計所執性（へんげしょしゅう）」「依他起性（えたき）」「円成実性（えんじょうじつ）」の三性と、この三性を空の立場から否定的に見た「相無性」「生（しょう）無性」「勝義無性」の三無性とに立て分けて説いている。

仏教においては、あらゆる存在は本来、因縁によって生滅するものであり、実体はないと説くが、これを実体があるものと思い、それに執着する心（能遍計）と、その対象となる境（所遍計）、そして、それらによって認識される存在の姿（遍計所執）を「遍計所執性」と言う。

また、これが妄想であり、実際には相（姿）のないものであることを「相無性」と言う。

「依他起性」とは、あらゆる存在は「他」すなわち因縁によって生滅するということであり、他がなければ生じないことから「生無性」と言う。

「円成実性」とは、完全円満な真実の世界である真如実相の姿で、真如は一切諸法に遍満し、不生不滅にして常住である。これは個に内在する我や、外界の事象としての法ではなく、言説を超越したものであるから「勝義無性」と言う。

〈転依〉

転依とは、依りどころとする劣った法を捨て、転じて勝れた法を依りどころとすることであり、また、それによって得た果を言う。依とは、染浄・迷悟の法を成立させている依りどころという意で、依他起性のことを言い、転とは、依他起の上の遍計所執性（雑染分）を捨て、依他起のうちの円成実性（清浄分）を得ることを言う。これは

『成唯識論』に説かれているもので、法相宗では、この転依を修行の目標としている。

転依の具体的な実践方法として、資糧位・加行位・通達位・修習位・究竟位という五段階の修行の階位を設けている。

一、資糧位とは、世俗的な善行を修することによって迷いを生ずる染法種子（迷いを生ずる潜在的な傾向）を抑え、それを仏と成る元手とする位を言う。

二、加行位とは、前に集めた元手の上に、さらに浄法種子（悟りを生ずるための潜在的傾向）を強めるために、種々の方便を修する位を言う。

三、通達位とは、初めて悟りを生ずる清浄な智慧を獲得して、後天的・知的な煩悩を断じ、あるがままの真実（真如の理）を体得する位のことで、この時の転依を「通達転」と言う。

四、修習位とは、先に悟った真如の理を幾度も

修め、先天的・情的な煩悩を繰り返し断滅する位のことで、この転依を「修習転」と言う。

五、究竟位とは、永久にすべての煩悩を断じ、完全円満な仏の悟りを完成した位のことで、この最終的な転依を「果円満転」と言う。この位では、究極的に我に執する煩悩（煩悩障）を転じて仏の涅槃を獲得し、法に執する煩悩（所知障）を転じて無上の菩提を得る「二種転依」が修行の妙果であると強調している。

以上のように法相宗では、二種転依を究極の悟りの境地としているが、それを得るためには三大阿僧祇劫（あそうぎこう）という長い間の修行が必要とされる。

聖徳宗

【総本山】 法隆寺　奈良県生駒郡斑鳩町法隆寺山内一―一

【経　論】 「三経義疏（法華義疏・維摩経義疏・勝鬘経義疏）」

【寺院教会数】 二四

【教師数】 一七

【信徒数】 二一、八〇〇

聖徳宗の総本山である法隆寺は、法隆学問寺や斑鳩寺（いかるがでら）とも呼ばれ、推古天皇十五（六〇七）年に、推古天皇が用明天皇の遺志を受け継ぎ、聖徳太子と共に建立したと伝えられている。奈良時代は律、三論、法相等の兼学の寺であったが、中世には興福寺の末寺となり、法相宗に属した。

昭和二十五年、聖徳太子を尊崇し、法隆寺の伝統教学である太子教学を宣揚するため、聖徳太子の名をもって「聖徳宗」と称して分派独立した。

教えの内容は法相宗とほぼ同じだが、聖徳太子の撰述である「三経義疏（ぎしょ）」と「十七条の憲法」に盛られた大乗一仏乗の理想を説くところに特徴がある。

聖徳宗　法隆寺 金堂

北法相宗

【開　山】 延鎮（生没年不明）
【本　尊】 十一面千手観世音菩薩
【大本山】 清水寺　京都市東山区清水一―二九四
【寺院教会数】 八
【教師数】 八
【信徒数】 四一〇、四七〇

北法相宗は、昭和四十年、清水寺を大本山として法相宗から分派独立した宗派である。

清水寺は、奈良時代の宝亀九（七七八）年、大和の子島寺の延鎮（えんちん）が清水の音羽の滝を訪ね、そこに千手観音を祀（まつ）り庵住したのが始まりで、延暦十七（七九八）年、清水の観音に帰依した坂上田村麻呂が自邸の殿舎を本堂として寄進し、延鎮を開基として寺院を建立したものと言われる。

その後、同二十四年に桓武天皇の勅願寺となり、清水寺と号した。

清水寺は当初、鎮護国家の道場であったが、長く興福寺に属し、法相宗と真言宗の兼学の寺となった。

「清水の舞台」として知られる現在の本堂は、徳川家光により再建されたものである。また清水寺は、観音霊場の西国三十三所の第十六番札所ともなっている。

北法相宗　清水寺 本堂〈舞台〉（清水寺HPより）

【破折の要点】

▼法相宗では、自己の心を離れて存在するものは何一つとしてなく、ただ認識だけが万物の存在を決定すると説く。しかし、心（心法）と一切の現象（色法）は、どちらが主ということでもなく、共に具わり合っているもので、一切の現象を離れて心の存在もありえない。

このことは中国の妙楽大師湛然が、法華経の教理に基づいて説いた、色心不二の法門にも明らかである。すなわち、心法を離れて色法はなく、また色法を離れて心法はない。心法と色法は相即不二であり、衆生の一念に具わっているのである。

したがって法相宗の唯識説は、心法の一面からのみ諸法を捉えた偏頗な教えである。

▼法相宗では、衆生には先天的に成仏できる者と、できない者とがあり、その差別は永久に変わらないという「五性各別」の説を立てる。また、法華経に説かれる悉皆成仏は衆生に道心を発させるた

めの方便の教えであり、五性各別こそ真実であるとして「三乗真実・一乗方便」を主張する。

これについては、法相宗の徳一との「三一権実論争」の時、伝教大師最澄によって既に破折されている。

法相宗の依りどころとしている解深密経や『瑜伽師地論』『成唯識論』等は方等時の教えであり、これは「会二破二」と言って、小乗の教えに執着する声聞・縁覚の二乗を破折して、菩薩の一乗こそ真実であるとする権大乗の教えである。故に、三乗を開して真の一仏乗に会入せしめる法華経の開会の法門には遠く及ばない。五性各別説は、この会二破二の権大乗教に執着する大僻見の説である。

一切衆生を平等に救うために教えを説かれた仏が、五性各別などという、衆生を差別する教えを説かれるはずはない。法華経には十界互具一念三千の法門が説かれ、正法を持って信行に励むならば、いかなる人でも、ことごとく成仏すると説かれている。

この誤りは、五時の構格に暗いところに所以がある。法華経の開経である無量義経には、

「四十余年。未顕真実（四十余年には未だ真実を顕さず）」（法華経二三ページ）

と説かれ、さらには法華経方便品にも、

「正直捨方便　但説無上道（正直に方便を捨てて　但無上道を説く）」（同一二四ページ）

と、法華経以前の諸経はすべて方便の教えであり、法華経こそが唯一、真実の教えであると説かれている。

したがって、法華経を方便の教えと主張する法相宗の教義は、二乗を弾呵するための方等部の教えに囚われた謬説であり、仏意に背く大謗法である。

▼法相宗では、悟りを得るためには、三大阿僧祇劫という長遠の時を費やして、修行しなければならないとしている。これも、即身成仏を説く法華経には遠く及ばない、低劣な教えの証拠である。

三論宗

【沿革】

三論宗は、インドの竜樹の『中論』『十二門論』および、その弟子・提婆の『百論』の三部の論を基本として、中国で立てられた宗派であり、般若経を基本とした空思想を教理の根幹としているので「空宗」とも言われる。三論教学は隋の嘉祥大師吉蔵（五四九～六二三）の『三論玄義』によって大成された。

三論宗は、日本に最初に伝えられた宗派であり、推古天皇三十三（六二五）年、高麗の慧灌によってもたらされ、これが第一伝となり、元興寺流と言われた。その後、慧灌の弟子・智蔵が入唐して帰朝後に法隆寺で弘めたのを第二伝とし、さらに智蔵の弟子・道慈によって第三伝が伝えられた。道慈は大安寺に住していたので、これを大安寺流と称した。

奈良時代には、元興寺、大安寺、西大寺等で三論教義の講学が盛んであったが次第に衰え、鎌倉時代に法相宗の寓宗（他宗に寄寓する宗派。付宗とも言う）となっている。

【教義の概要】

〈二蔵判と三転法輪〉

三論宗では、二蔵判と三転法輪との二種の教判によって一代仏教を判釈している。

二蔵判とは、小乗仏教を意味する「声聞蔵」と大乗仏教を意味する「菩薩蔵」とを立てて判釈することである。また三転法輪とは、華厳経を「根本法輪」とし、華厳以後、法華以前の大小乗の教えを「枝末法輪」とし、法華経を「摂末帰本法輪」とするものである。すなわち華厳経は、仏が成道直後、その悟りを即座に説かれた根本教説であり、他の諸経はこの根本教説から流れ出た枝末の教えであるが、法華一乗の教えを説くことによって三乗の機根を調え、枝末の教説を摂して華厳の本旨に帰入させるというものである。

また三論宗では、個々の経典はそれぞれに意味を持って説かれているもので、他宗の教判のように経典の勝劣浅深は判定すべきではないと主張し、強いて勝劣を言えば、諸経のいずれにも等・勝・劣の三義があるとする。

例えば、阿含経は小乗の機には適切な教えであるが、大乗の機には不適切な教えである。また、華厳経は大乗の機には適切な教えであるが、小乗の機には不適切で、それぞれに勝劣の二義がある。しかし、それぞれの機根に利益を与える点では同等であるから、一経一論に固執すべきではないと主張する。

これらのことから三論宗では、一代仏教を通じて論ずる「三部の論」を依りどころとして宗を立てている。

〈破邪顕正〉

破邪顕正の「破邪」とは、一切の有所得の迷見を打破することである。有所得とは、有と無、是と非などの互いに対立する一方に執着することを言う。この破邪により、あらゆる迷妄を払い去って無所得の理に到達することができる。それが「顕正」である。無所得とは、いずれにも囚われず、執着することもなく、有無を離れた空の真理を体得することを言う。

〈八不中道〉

八不中道は『中論』に説かれている。八不中道の「不」とは「破」「泯」などの意で、我々が迷い執着するものとして、生・滅、断・常、一・異、去・来の八つを挙げ、これらの執着・邪見を離れ、一つひとつ否定すれば一切の迷いは断破され、正見に至り無所得中道の悟り（絶対自由）を得ることができるとしている。

したがって「八不」は破邪の具体的な説明であり、「破邪即顕正」がそのまま八不中道となるとする。

〈真俗二諦〉

三論宗では「破邪顕正」の具体的な認識方法と

して「真俗二諦」が説かれている。

仏教一般に、真諦とは第一義諦、勝義諦とも言い、絶対の真理の意で、現象界の一々の本性は空であると観ずる、仏・菩薩の絶対的な立場を言う。また、俗諦とは世俗諦とも言い、相対的な真理の意で、人々の間で日常的に正しいとされている事柄や、究極的な真理を表現・把握するために用いられる事柄を言う。

『中論』で説かれる真俗二諦の関係は、無明に覆われた衆生は常に主客の対立に執着しているため、この衆生を導くには、それぞれに適した教化の手段を用いなければならない。故に、空に執着する者には俗諦を説いて有を明かし、有に執着する者には真諦を説いて空を明かし、有と空の二つの極端を離れた不二中道を悟らせ、涅槃へ導入するというものである。

したがって三論宗では、この真俗二諦は真理表現の手段と教化の方法を明かしたものであり、真理そのものではないとしている。

また三論宗では、この真俗二諦を四重にわたって説き、それによって吉蔵当時の諸学派の教理を打破している。四重の二諦とは、三論宗の教判的役割を担うものでもある。

第一重の二諦とは、説一切有部の一切有の偏執を払って、空を真諦としたもの。

第二重の二諦とは、俗諦は有であり真諦は空である（俗有真空）との説に執着する成実学派の偏見を払って、有空は共に俗諦、非有非空は真諦とするもの。

第三重の二諦とは、摂論学派（無著の『摂大乗論』を研学する学派）の三性三無性説を払って、有空も非有非空も共に俗諦とし、非非有非非空を真諦とするもの。

第四重の二諦とは、前三重の二諦はいずれも教門の分野であるから俗諦とし、非非不有、非非不空を真諦とするもの。真諦は言語と思慮を絶した境地であるが、しばらく非非不有、非非不空をもって無所得中道の理を顕そうとしたものである。

〈修証論〉

三論宗では、理論と実践を分けずに教理を体得することが、そのまま観であるとしている。したがって「破邪顕正」をそのまま観法としたものが「八不中道」「無所得正観」と言われるものである。

また衆生は本来、仏であり、迷悟不二にして成仏・不成仏を論ずべきではないが、現実の差別相を見れば、機根の違いによって成仏の遅速があるとする。鈍(どん)根の衆生は三大阿僧祇劫(あそうぎこう)にわたり五十二位の階位を経て修行することが成仏の要件であるとしている。

【破折の要点】

▼三論宗では、般若経を教義の基としている。三論は諸法を融ずる教えであり、円融の教理も説かれているが、これは二乗作仏(さぶつ)、十界互具を説かない通教・別教の教理を伴っている。したがって、真の三諦円融を説く教えではない。

また、徹底した破執の実践によって空理を悟り、中道を見出そうとしても、結局は隔歴(きゃくりゃく)三諦、但(たん)中の理に過ぎないものとなる。真の三諦円融を説く法華経から見れば、三論宗の教えは人間を根底から救済するものではない。

▼修証面においても三論宗では、鈍根の衆生は三大阿僧祇劫にわたり、五十二位の階位に基づいて修行することを説いているが、これは理論上の教説であって、現実には衆生済度の利益はない。

華厳宗

【宗　祖】良弁（六八九～七七三）
【初　祖】杜順（五五七～六四〇）
【本　尊】毘盧舎那仏
【所依の経典】華厳経（大方広仏華厳経）
【大本山】東大寺　奈良市雑司町四〇六―一
【寺院教会数】一〇八
【教師数】六〇二
【信徒数】不明

【沿革】

華厳宗は、中国唐代の杜順によって創始され、法蔵によって大成された学問仏教である。

中国では、杜順・智儼・法蔵・澄観・宗密の五人を華厳宗の五祖としている。

日本の華厳宗は、通説によれば、天平八（七三六）年、唐の道璿によって華厳経が伝えられ、同十二年、法蔵の弟子である新羅の審祥が金鐘寺（現在の東大寺法華堂）で華厳経の講義を行ったことに始まる。次いで、良弁が金鐘寺で華厳経の講義を行い、実質的に華厳宗を開宗した。

良弁は持統天皇三（六八九）年、近江国あるいは相模国に生まれ、出自は百済からの渡来人の一族であったと伝えられる。法相宗の義淵のもとで唯識を学び、天平五（七三三）年、良弁が四十五歳の時、聖武天皇に見出されて金鐘寺の住職となり、さらに審祥から華厳経を学び、やがて日本における華厳宗の開祖となった。

同十五年、聖武天皇の発願による「東大寺の大仏」として有名な毘盧舎那仏の造立に当たって中心的役割を担った。天平勝宝四（七五二）年に大仏が完成し、東大寺の初代別当となった良弁は、僧侶の「四位十三階の制」を定めるなど、南都仏教界のリーダー的存在となり、宝亀四(七七三)年、八十五歳で入寂した。

良弁によって創始された日本の華厳宗は、聖武天皇の庇護と総国分寺という格式を持つ東大寺の存在により一時、南都仏教の中心となるほど隆盛を極めた。

弘仁十三（八二二）年、空海が東大寺に灌頂道場を建立して南都真言の拠点としたことを契機として、東大寺は華厳宗の教義を持ちつつ、作法や行事の面では次第に密教化が進み、南都六宗全体にも密教化の影響を与えた。

その後、光智が東大寺別当となり、東大寺に尊勝院を建立して華厳宗の本拠とした。また、光智門下の松橋と観真が、本寺派と末寺派をそれぞれ形成した。

鎌倉時代、末寺派の明恵高弁は、栂尾に高山寺を建て、以後、末寺派を高山寺系と称した。これに対して、東大寺に住する本寺派を東大寺系と称した。

また、同時代の東大寺では凝然が出て、多くの論を著し、日本における華厳教学を大成した。

以降は、きわだった興隆は見られず、明治政府の宗教政策により、八宗兼学の東大寺は一時、浄土宗に組み入れられたが、明治十九（一八八六）年に華厳宗として独立した。

【教義の概要】

華厳宗では、華厳経を所依の教典とし、華厳経に説かれる毘盧舎那仏を本尊とする。

華厳経は、正しくは大方広仏華厳経と言い、大方広の仏、つまり時間と空間を越えた仏が説いた教えとされる。この「華厳」とは「雑

華厳宗　東大寺 大仏殿（東大寺HPより）

華厳飾」の略で、あらゆる因行の華で荘厳された仏を譬えたものである。

また、華厳経に示される毘盧舎那とは、太陽の光がすべてのものを平等に照らすように、迷える人々に智慧と慈悲を及ぼし、蓮華蔵世界に生じさせる仏であるとされる。毘盧舎那仏は、長い修行の末に悟りを得て蓮華蔵世界の教主となった仏であり、この仏こそ宇宙の本源であり、真理そのものであるとしている。

華厳宗では、現象と本体の関係を四種に分け、そのなかの事事無礙（むげ）法界を理想世界としている。この事事無礙法界を説明するのが「法界縁起」「無尽縁起」である。法界縁起、無尽縁起とは、法界森羅万象の姿は、一のなかに一切の多を包含すると同時に、その一は一切の多に及び、お互いが無限に関連し合い、しかも一微塵（みじん）のなかに全宇宙が反映し、一瞬のうちに永遠の時間が含まれるというものである。

このような事事無礙法界は、毘盧舎那仏を中心とした蓮華蔵世界という浄土において成立するもので、衆生はこの毘盧舎那仏によって蓮華蔵世界に生ずることができるという。

〈五教十宗、同別二教の教判〉

中国華厳宗第三祖の法蔵は、五教十宗、同別二教の教判を立て、華厳経が最勝であると主張している。

五教判とは、仏教全体を教理の浅深に基づいて五つに分けたものであり、十宗とは、教えの内容を基として十種に分けたものである。この教判によって、法華経と華厳経は共に大乗円教であり、円明（えんみょう）具徳宗であるとして最高位に配している。しかし、法華経は円融の一乗を説いているが、三乗教に同じて説いた教えであるから同教一乗であるとし、華厳経は三乗教とは別に円融の法門を説いた教えであるから別教一乗であるとする。そして、華厳経こそ真実の円明具徳宗であるとして、同別二教を立てるのである。

これらの教判を図示すると次のようになる。

小乗教…阿含経『阿毘達磨大毘婆沙論』『倶舎論』等に説かれる教え
①我法倶有宗（主観の我も客観の事物も共に実有であると説く）
②法有我無宗（客観の事物は過去・現在・未来の三世にわたり実有であるが、主観の我は無であると説く）
③法無去来宗（物事は現在においてのみ実体があり、過去・未来には実体がないと説く）
④現通仮実宗（物事は過去・未来に無実体であるだけでなく、五陰以外は現在でも実体がなく、仮りの存在と説く）
⑤俗妄真実宗（世俗の物事は虚妄であり、仏教の真理のみが実であると説く）
⑥諸法但名宗（あらゆる物事は、仮りの名のみがあって実体はないと説く）

大乗始教…人法ともに空の理を説く大乗初門の教え
⑦一切皆空宗（すべての事象・存在は、皆ことごとく空であると説く）
相始教…解深密経『瑜伽師地論』『成唯識論』等
空始教…般若経『中論』『百論』等

大乗終教…終教とは大乗終極の教という意味
⑧真徳不空宗（すべての物事の本性は真如であり、清浄であると説く）…勝鬘経、『大乗起信論』『宝性論』等

大乗頓教…頓速（すみやかに）悟る教え
⑨相想倶絶宗（真理は主観と客観との区別を超絶し、相対を絶した不可説・不可思議なところにあると説く）…楞伽経、維摩経『大乗起信論』等

大乗円教…円満、円備、円通、円融の教え
⑩円明具徳宗（あらゆる事象・存在は互いに礙げることなく、一切の功徳を備え、重々無尽の関係にあると説く）
同教一乗…法華経（円融の一乗を説いているが、三乗教に同じて説く教え）
別教一乗…華厳経（三乗教とは別に円融の法門を説く。真実の円明具徳宗とする）

〈四法界〉

四法界（ほっかい）とは、華厳宗で言う法界観で、事法界・理法界・理事無礙法界・事事無礙法界の四種の法界を言う。すなわち華厳教学では、一切は心が描き出すものであり、森羅万象は一心にまとめられると説くが、その法界を現象と本体とから見ると、以下のような四種の意味があると言うのである。

一、事法界…一々の事象が千差万別であること。縁起する諸法をあるがままに肯定する世界であり、相対の世界を言う。

二、理法界…事法界の一切の事象に行き渡り、これを成り立たせている本性（ほんしょう）(理体・理性)。法界の諸法は差別の事象であるが、理性の面から見れば、いずれも同一性であり、平等であるということ。相対に対する絶対の世界を言う。

三、理事無礙法界…事と理が水と波の関係のように、融通無礙に相即し相成する世界。一切諸法は差別の面では事であり有（う）であり、平等の面では理であり空（くう）であるが、その間になんらの矛盾・衝突がなく、空と有、理と事が礙（さまた）げなく融（と）け合っていることを言う。すなわち、相対に対して絶対があるのではなく、相対即絶対、絶対即相対として、両者が一つに融け合っている世界。

四、事事無礙法界…現象の事々物々のあるがままに、事と事との関係が融通無礙であること。これは理事無礙法界を踏まえた上で説かれるもので、一々の事法には空有の両義を具しているので、事は理と融け合うことによって、その理を通じて他の事と融け合う。したがって、事法相互の間にも、重々無尽に相即・相入する無礙の関係を有しており、しかも絶対は空性であるから消えてしまい、相互に融通し合う事物の世界のみが残ることとなる。この絶対不思議な現象界を事事無礙法界と言う。

〈十玄縁起〉

事事無礙法界の特徴を十の方面から説明したものが、十玄縁起である。これに通ずれば華厳の玄海（真理の領域）に入ることができるので玄門と言い、法界の諸法が円満に融通している現象を縁起と言う。

一般に縁起とは、因と縁とが相俟って諸法が生起する過程を意味するが、華厳宗の「法界縁起」は生起の意味ではなく、現実に顕れている事象そのものを指している。

すなわち、法界森羅万象の姿は、現象と本体、現象と現象が互いに一体化し（相即）、その用きが互いに入り交じり（相入）、あるがままに融通して礙りがなく（事事無礙法界）、幾重にも重なり合って無尽に縁起して（重々無尽）、しかも一を挙げれば他のすべてがそこに含まれる（主伴具足）というものであり、これを法界縁起と言う。

〈六相円融〉

六相円融とは、十玄縁起と同様に法界の相を説明するものである。

縁起の諸法が、ことごとく総相・別相、同相・異相、成相・壊相の六相の関係によって成り立ち、互いに他を礙げず、全体と部分、部分と部分が一体化して円満に融け合っていることを説いたものである。

総相と別相では全部と部分との関係を説き、同相と異相には統一された調和と個々の差別を説き、成相には事物の建設的方面を、壊相にはその否定的方面を説いている。

〈修行と証果〉

華厳宗では、教えを学ぶことが修行であり、法界縁起の真相を知ることが、すなわち観となることから「教即観」を主張する。華厳の教えでは「心と仏と衆生は無差別」と説き、事事無礙法界の真理を学び体得すれば、おのずから悟りに至ると言う。

また、事事無礙法界を説く華厳の教えでは、本来、修行の階位は認められないが、教導の面から次第行布門と円融相摂門とを立てる。

次第行布門では五十二位の階位を立て、歴劫修行の三生成仏を説く。三生成仏とは、修行者の成仏の次第を過去・現在・未来の三生に分けて述べたものである。

①見聞生…過去に華厳の法門を見聞する一生。

②解行生…今生で華厳の法門を聞き行ずる一生。

③証入生…未来に仏果に証入する一生。

また、円融相摂門では信満成仏を説く。これは五十二位のなかの最初の階位である十信の満心に、修行者の仏道が成就するということである。

このように一往、修行を行布と円融とに分けるが、華厳の本来の教義に基づけば、行布即円融となり、一行即一切行、一位即一切位であり、断惑証理も一断即一切断、一得即一切得であり、成仏も一成即一切成となるとしている。

【破折の要点】

▼華厳宗の五教十宗の教判では、法華経と華厳経は共に大乗円教の円明具徳宗であるが、同別二教の判釈によって、法華経は三乗に同じて説いた「同教一乗」であるから劣り、華厳経は三乗とは別に説いた「別教一乗」であるから法華経より勝れた教えであるとしているが、これは真の円融の義を弁えない謬論である。

円教の円とは、少しも欠けるところがなく、円満にすべてが具足しているという意味である。法華経は、三乗を開して一仏乗に会入せしめる教法であり、この開会の法門によって三乗を共に成仏せしめる真の円融の教え（円教）である。しかし華厳経は、法華経と同じく円融の教理を説くといっても、別教の教理を含んでいるために真の円融の教えではなく、純円一実の法華経には遠く及ばない。

釈尊は法華経法師品に、

「我が所説の諸経　而も此の経の中に於て法華最も第一なり（中略）已に説き、今説き、当に説かん。而も其の中に於て、此の法華経、最も為れ難信難解なり」

（法華経三二五ページ）

と示され、一切の経典のなかで法華経が最高の教えであると説かれている。

したがって「華厳第一、法華経第二」とする華厳宗の判釈は、釈尊に違背する大僻見の説である。

▼華厳経で説かれる毘盧舎那仏の蓮華蔵世界は、娑婆世界に住する我々凡夫には無縁の世界である。毘盧舎那仏の智慧と慈悲によって蓮華蔵世界に生ずることができるといっても、それには五十二位の階位を経る歴劫修行が必要とされる。

たとえ円融相摂門で信満成仏を説いても、それは円教の菩薩が修行する位について説いたものであり、末法の凡夫には当てはまらない。

したがって、歴劫修行を説く華厳経を所依とする華厳宗は、末法の凡夫に不適であり、信仰に値しないことは明白である。

▼華厳宗では、華厳経にも一念三千の法門が説かれているとして、華厳経の、

「心は工みなる画師の種々の五陰を造るが如く、一切世界の中に法として造らざること無し。心の如く仏も亦爾なり。仏の如く衆生も然なり」

との文によって、十界三千の事物はことごとく心から生起するという「心生（心造）の十界」を説いている。しかし、十界三千の諸法は心から生ずるのではなく、一切衆生の心性にも、一切の色法にも本来、具わっているもので、染浄の縁に随って差別の相を現ずるのである。この法理を説いているのが法華経であり、華厳経で説く「心生の十界」は、存在しないものが途中で心から生ずるということであり、本無今有の失は免れない。

日蓮大聖人は、華厳宗について、

「華厳宗は澄観が時、華厳経の『心如工画師』の文に天台の一念三千の法門を偸み入れ

たり、人これをしらず」

（開目抄・御書五二八ページ）

と指摘され、華厳宗は法華経の一念三千の義を盗用し、衆生を欺く宗派と断じられている。

▼華厳経は、別円二教を説く高度な教えであるが、事実の上で衆生の成仏の裏づけとなる種熟脱の三益の法門が説かれていない。この三益の重要性を日蓮大聖人は、

「設ひ法は甚深と称すとも未だ種熟脱を論ぜず、還って灰断に同じ、化の始終無しとは是なり」（観心本尊抄・同六五六ページ）

と示されている。さらに、

「種・熟・脱の法門、法華経の肝心なり。三世十方の仏は必ず妙法蓮華経の五字を種として仏に成り給へり」

（秋元御書・同一四四七ページ）

と、法華経のみが種熟脱の三益を説く教えであり、その法華経のなかでも、寿量品の文底に秘沈された妙法蓮華経こそが、あらゆる仏をはじめ、一切衆生が成仏する根本の種子であることを示されている。

種熟脱を説かない華厳宗の成仏義は、所詮、机上の空論に過ぎない。

▼華厳宗では、教えを学ぶことが修行であり、これによって悟りに至ると言うが、釈尊は衆生救済のために絶対的な真理を説くとともに、実践的な修行の重要性を示している。華厳宗のように実践面が欠如した理論偏重の教えでは、実際に衆生を救済することなど、できるはずはない。

二、天台系

天台宗

【高　祖】天台大師智顗（五三八～五九七）
【宗　祖】伝教大師最澄（七六七～八二二）
【本　尊】久遠実成無作の釈尊を本体とし、薬師如来や阿弥陀如来などの諸仏・諸尊をも尊信する
【経　典】法華経を根本とし、梵網菩薩戒経・大日経・阿弥陀経その他を輔宗の聖典とする
【総本山】延暦寺　滋賀県大津市坂本本町四二二〇
【寺院教会数】三、三二三
【教師数】三、九六四
【信徒数】一、五三三、八九九

【沿革】

天台宗は、中国の天台大師智顗（ちぎ）の教理を基とし、伝教大師が開いた宗派で、比叡山延暦寺を総本山とする。

〈中国の天台宗〉

中国の天台宗は、陳・隋の時代、天台大師によって開かれた。

天台大師は、南北朝の時代、梁の大同四（五三八）年、荊州（湖南省）に生まれた。十八歳で湘州（しょうしゅう）（湖南省長沙）果願寺の法緒（ほうちょ）を師として出家し智顗と名づけられ、二十三歳の時、大蘇山（だいそざん）（河南省南部）の南岳大師慧思を訪れ、修行の末、法華経の極理を悟った（これを大蘇開悟と言う）。

その後、陳の都である金陵の瓦官寺（がかんじ）において法華経の経題や『大智度論』などの講説に努めたが、都の仏教界の姿に疑問を抱き、太建七（五七五）年、三十八歳の時、天台山（浙江（せっこう）省東部）に入り、修行の日々を送った。この時期に天台山の最高峰

である華頂峰において円頓止観を悟り（これを華頂降魔と言う）、法華経の教理とその修得法を教観二門（教相門と観心門）として大成した。

天台山を下りた天台大師は、禎明元（五八七）年、五十歳の時に金陵の光宅寺で『法華文句』を講じ、開皇十一（五九一）年、隋の晋王広（のちの煬帝）に菩薩戒を授け、この時、智者の称号を賜った。時に天台大師、五十四歳であった。同十三年には荊州の玉泉寺で『法華玄義』を、また翌年には同所で『摩訶止観』を講義して、法華経を世に宣揚した。玉泉寺の説法を終えたのち、揚州に下ったあと、再び天台山へ帰った。晋王広に屈請され、天台山を下る途中、石城寺に至って病を発し、同十七年十一月二十四日、天台大師は六十歳をもって入寂した。

中国の天台宗は、北斉の慧文、南岳の慧思のあとを受けた天台大師が法華教学を体系づけた。その代表として、法華経二十八品の文々句々について解釈した『法華文句』、法華経の題号である妙法蓮華経について教理的に解釈した『法華玄義』、法華経を己心に証得するための修行法を説き明かした『摩訶止観』があり、これらはのちに弟子の章安大師潅頂によって筆録修治され、「天台三大部（法華三大部）」としてまとめられた。

その内容は、釈尊一代の教説を五時八教によって判釈し、法華経こそが唯一真実・最勝の経典であることを『法華玄義』『法華文句』で明かし（教相門）、その教理で説かれた一念三千の法門に基づいた修行法を『摩訶止観』で、十乗観法、一心三観等の観法によって悟りに至ることを説いた（観心門）。当時の中国仏教界は、南三北七と言われる十師の説があったが、天台大師によって、その争いに終止符が打たれた。

天台大師との尊称は、天台山の修禅寺を拠点として活動したことによるもので、六祖・妙楽大師湛然の時に、天台宗と名乗るようになった。

天台大師以後の法系は、二祖・潅頂、三祖・智威、四祖・慧威、五祖・玄朗と受け継がれたが、唐代に至り、法相宗、華厳宗、密教などが盛んになり、天台の教勢は次第に衰退していった。それを復興したのが妙楽大師であり、天台三大部の注釈書である『法華玄義釈籤』『法華文句記』『摩訶止観輔行伝弘決』を著し、天台大師の説いた法華経の法門を宣揚した。

〈伝教大師最澄〉

日本天台宗の宗祖である伝教大師最澄は、神護景雲元（七六七、一説には天平神護二〔七六六〕）年、近江国滋賀郡（滋賀県大津市）に三津首百枝の子として誕生し、広野と命名された。十二歳で近江の国分寺に入り、十四歳の時、行表を師と仰いで得度し最澄と名乗った。

延暦四（七八五）年、十九歳の時に奈良の東大寺で具足戒を受け、国家公認の近江国分寺の僧侶となった。しかし伝教大師は、腐敗堕落した南都の仏教界に失望し、比叡山へ入り山林のなかでの修行に専念した。この時、自己反省と修行の決意を込めた「願文」を記している。

最澄（一隅を照らす運動HPより）

延暦七年、伝教大師は、のちに根本中堂となる一乗止観院を建立し、延暦寺の前身となる比叡山寺（日枝山寺）の伽藍を整えた。また、次第に天台大師の法華一乗思想への確信を深め、同十七年には天台大師の忌日に、比叡山に初めて法華経の講会である法華十講を開き、同二十年には奈良の七大寺から十人の高僧を招いて法華十講を行った。

翌年、伝教大師は、桓武天皇の勅命を受けた和気広世・真綱の求めに応じて山を下り、高雄山寺（神護寺）で、南都六宗の高僧に対し天台三大部を講じて法華一乗思想を宣揚した。南都六宗側は伝教大師の講説に反駁できず、それぞれ讃歎する旨の書状を桓武天皇に奉呈した。これ以後、伝教大師に対する桓武天皇の信頼はますます深まり、崩御に至るまで絶大な外護を受けた。

　延暦二十三年、伝教大師は三十八歳の時、還学生（官費による短期留学）として遣唐使の一行に加わり、中国に渡った。この時、のちに真言宗の開祖となる空海も、二十年間の長期勉学を命じられる留学生として入唐していた。しかし空海は、その命に背き、二年で帰国の途に就いた。

　中国に渡った伝教大師は、天台山に登り、妙楽大師の弟子である道邃と行満から天台の法門を学び、大乗菩薩の戒法などを受法し、禅林寺の翛然から禅の教えを受けた。さらには、帰国の途中、越州・竜興寺の順暁より密教の伝法を受け、八カ月にわたる中国滞在を終えて帰国した。

　延暦二十五年、伝教大師は朝廷から比叡山の年分度者の割り当てを受け、これにより天台宗として正式に認められた。日本の天台宗では、この太政官符が公布された一月二十六日をもって開宗の日としている。

　年分度者とは、官費で養成され、毎年、公に認められる出家得度者のことで、これまでは南都六宗において一年に十名と限られていたが、以後、天台宗の「止観業（法華部門）」「遮那業（密教部門）」の二名を加えて十二名となった。

　この直後、伝教大師を庇護してきた桓武天皇が崩御し、伝教大師にとっては苦難の時代を迎えることとなる。しかし伝教大師は、さらなる天台教学の研鑽に努めるとともに、密教の理解をも深めようとした。

　伝教大師は、中国から本格的な密教を持ち帰った空海に教えを請い、さらには密教経典の借用を願うなどして親交を結んだ。しかし、もともと真言密教

天台宗 延暦寺 根本中堂

を第一と説く空海との教学的相違があり、のちに空海が典籍の貸し出しを断ったり、伝教大師の弟子である泰範が空海のもとから戻らなかったため、二人の交友は断たれた。

また晩年には、法相宗の徳一が投げかけた三乗真実・一乗方便説に対して、伝教大師は『守護国界章』『法華秀句』などを著し、三乗方便・一乗真実の義をもって法相宗の教義を破折した。これを「三一権実論争」と言う。

そして、伝教大師が生涯をかけて取り組んだのは大乗戒壇建立であった。

これまでの得度者は、すべて奈良東大寺、下野薬師寺、筑紫観世音寺のいずれかで受戒することになっていたが、これらは小乗の戒壇であり、天台の教義に沿うものではなかった。そこで伝教大師は、法華一乗思想に基づく大乗の戒壇（円頓戒壇）を比叡山に建立しようとした。

しかし、南都六宗の反対に遭って生前中は達成できず、弘仁十三（八二二）年六月四日、伝教大師は五十六歳で入寂した。そしてその七日後、嵯峨天皇から悲願の大乗戒壇建立の勅許が下りた。

〈密教化する天台宗〉

伝教大師入寂後の天台宗は、真言宗が流行したことにより教勢は振るわなかった。その復興に取り組んだのが円仁、円珍、そして安然であった。

しかし、この三人によって天台宗の密教化が進み、以後、比叡山には密教が深く根づいた。この天台宗の密教を「台密」と言い、真言宗の密教を「東密」と言う。

円仁

円仁は延暦十三（七九四）年、下野国（栃木県）都賀郡に生まれ、大同三（八〇八）年、比叡山に登って伝教大師の弟子となった。

承和五（八三八）年に遣唐使として中国に渡ったが、天台山に入ることはできず、五台山で天台の教義を学んだ。その後、長安に入り胎蔵界・金剛界、さらには空海の入唐時にはなかった蘇悉地法を学び、承和十四年、十年間の在唐生活を終えて帰国した。

帰国した円仁は、嘉祥三（八五〇）年、比叡山に総持院を建立して大日如来を安置し、国家の安康を真言密教の修法によって祈願することとした。そして、天台宗の年分度者二名に、新たに「金剛頂経業」と「蘇悉地経業」の二職を増員して密教研修者の充実を図るとともに、真言密教は法華経に対して「理同事勝」であると主張して、比叡山の密教化を積極的に推し進めた。

また、円仁は、五台山で得た五会念仏の作法を用いて、比叡山の修行に常行念仏を取り入れた。これは、道場に阿弥陀如来を安置し、その周りを回りながら口に念仏を称える行である。これが、のちの日本浄土教発生の素因となった。

仁寿四（八五四）年、円仁は第三代天台座主に任じられ、貞観六（八六四）年一月十四日、熱病を患い七十一歳で没した。

その二年後、朝廷から、最澄に対して伝教大師、円仁に対して慈覚大師の号が贈られている。

円珍

円珍は、弘仁五（八一四、一説には同六〔八一五〕）年、讃岐国（香川県）に生まれた。母親が空海の姪（一説には姉妹）であったが、天台宗の僧・仁徳が叔父であったため、天長五（八二八）年、十五歳で比叡山に登り、初代天台座主・義真の弟子となった。三十三歳で延暦寺真言学頭に任じられ、仁寿三（八五三）年に入唐し、天台山などで天台の教義と密教を学び、天安二（八五八）年に帰国した。

帰国後の円珍は、太政大臣・藤原良房の庇護を受けるとともに、貞観元（八五九）年には、大友氏の請いによって園城寺に移り、ここを自らの拠点とした。

また、円珍が貞観六年に清和天皇や藤原良房に灌頂を授けたことや、清和天皇の母である皇太后明子（藤原良房の女）の護持僧に任じられたことにより、天台宗は藤原家と密接なつながりを持つようになり、次第に貴族化していった。

貞観八年、園城寺は天台別院となり、円珍はその別当に補任された。以後、円珍門流が同寺の別当職を務めることとなる。

貞観十年、円珍は第五代天台座主となり、円仁の理同事勝をさらに推し進め、大日経は法華経よりもはるかに勝れた教えであるとする「円劣密勝」の考えを打ち出した。

仁和三（八八七）年、円珍は、大比叡神、小比叡神のために、それぞれ「大毘盧遮那業」「一字頂輪王経業」の年分度者二職を増員した。大比叡神、小比叡神とは、伝教大師が延暦寺の開創に当たり、比叡山の守り神として祀った土地神である。この年分度者の増員は、密教の修法によって神仏習合思想の充実を図り、天台宗の国家仏教としての基盤を揺るぎないものとするためであった。これは、やがて山王一実神道へと発展し、江戸時代、天海が日光山に東照社（のちの東照宮）を建立し、徳川家康を東照大権現として祀ることにつながっていった。

寛平三（八九一）年、円珍は七十八歳で没し、延長五（九二七）年に智証大師の号を賜った。

安然

円仁、円珍のあとを受けて天台密教を大成したのは安然である。

安然は、一説には伝教大師入寂後十九年の承和八（八四二）年に生まれ、出身は近江国（滋賀県）で、伝教大師と同族と伝わっている。

安然は若くして比叡山に登り円仁の弟子となり、円仁の没後、遍昭の弟子となった。

比叡山で顕密二教を学び、遍昭からは金剛界・胎蔵界の密教を受け、そのほか、戒学や悉曇学なども修得した。

入唐を志すが実現できなかった安然は、『教時義』や『悉曇蔵』など、数多くの書物を撰して台密の教学を大成した。

晩年、比叡山の東谷に五大院を建立して著作に専念したことから五大院安然と呼ばれ、その著書の数は八十部百五十巻に及ぶとも言われている。

延喜十五（九一五）年、七十五歳で没したとも言われるが、詳細は不明である。

安然は、円仁・円珍が説いた胎蔵・金剛両界の密教や蘇悉地の法の教学をさらに大系化し完成させたので、天台宗では台密の創立者を円仁、大成者を安然と言われている。

良源

十世紀ごろの比叡山は、幾度かの火災によって諸堂宇を焼失し、荒廃の一途をたどった。それを復興し、最盛期をもたらしたのが慈恵大師良源（九一二～九八五）であった。

良源は延喜十二（九一二）年、近江国（滋賀県）浅井郡に生まれた。幼名を観音丸と言い、十二歳で比叡山に入り、十七歳の時、出家得度して良源と改める。覚慧・喜慶などから顕密二教を学び、承平七（九三七）年に元興寺義昭と対論したことによって、関白・藤原忠平の帰依を受けることとなる。

康保三（九六六）年、第十八代天台座主となり、藤原師輔・兼家父子の外護のもと、比叡山の伽藍を整備し、横川の復興にも力を入れた。良源の門弟は三千人とも言われ、なかでも源信・覚運・尋禅・覚超は四哲と呼ばれた。

永観三（九八五）年、良源は七十四歳をもって没したが、その日が一月三日であったため元三大師とも呼ばれている。

当時の比叡山は、学問も興隆し、教団も隆盛を極めたが、藤原摂関家の権力との癒着によって貴族化が進み、さらには僧兵の台頭などによって、次第に世俗化していった時代でもあった。

〈天台各派の分流〉

九世紀の終わりには、天台宗に円仁門徒と円珍門徒という二つの派閥が形成されていたが、良源の没後、比叡山の山門派と園城寺の寺門派に分裂し、天台宗は対立の時代に入った。

永祚元（九八九）年、天皇から円珍門徒の余慶を天台座主に任ずるという「永祚の宣命」が下ったことに対して、円仁門徒が反対したのをきっかけに、円珍門徒一千余人は園城寺に移った。以後、比叡山の円仁門徒を山門派と言い、園城寺の円珍門徒を寺門派と言って、両者の対立は決定的となり、寺門派は比叡山での実権をほとんど失い、天台座主も数代を除いて山門派で占めるようになった。

また、『往生要集』を著した恵心僧都源信（九四二〜一〇一七）は恵心流を、檀那僧都覚運（九五三〜一〇〇七）は檀那流を形成し、平安末期（十一世紀）の天台の法華教学は、この恵心流と檀那流を中心として展開され、本覚思想が唱えられるようになった。

本覚思想とは、衆生が菩提心を起こさず修行しなくとも、煩悩があるそのままで既に仏であるという、現実肯定主義の思想である。「本覚」とは『大乗起信論』に初めて現れる語で、心の本性は本来的に悟りそのものであるということである。これに対して、修行によって迷いを打ち破り、悟りを得ることを「始覚」と言う。この「本覚」の義が、台密教義の進展とともに、本覚思想として発展していった。

十二世紀になると、本覚思想の展開に伴って恵檀八流の学派が生じた。すなわち、椙生流（皇覚）・行泉房流（静明）・土御門門跡流（政海）・宝地房流（証真）の恵心流四派と、恵光房流（澄豪）・竹林房流（長耀）・毘沙門堂流（智海）・猪熊流（聖融）の檀那流四派である。本覚思想は主に恵心流を中心として受け継がれ、のちに中古天台本覚思想として爛熟期を迎える。

また、台密も次第に分流し、初期の根本三流（根本大師流・慈覚大師流・智証大師流）から、良源以後の谷流・川流を基本として台密十三流と言われる流派を形成するに至った。

なお、これら比叡山の仏教は、のちの鎌倉仏教の母胎ともなり、栄西・道元の禅宗、法然・親鸞・一遍などの浄土教を生み出している。

〈僧兵の台頭〉

僧兵とは武装した僧侶のことで、その萌芽は八世紀の初めごろと言われている。しかし、その勢力が増大したのは平安時代以降である。

　このころの南都・北都の諸大寺は、律令体制の崩壊などによって急激に増大した寺領荘園を自衛する必要が生じた。そのため、僧尼令の無力化に伴う僧侶乱造と相俟って、諸大寺では僧兵の強大化を図った。奈良法師と呼ばれた興福寺、山法師と呼ばれた延暦寺、寺法師と呼ばれた園城寺の僧兵などが有名である。

　山門派と寺門派の抗争でも、互いの僧兵が実動部隊となり、延暦寺側は園城寺の焼き打ちを繰り返したり、寺門派の天台座主就任を妨害したりした。朝廷は武士団をもって鎮圧に当たったが、その効果は小さかった。

　しかし、その後、元亀二（一五七一）年の織田信長による比叡山焼き打ち、天正十三（一五八五）年の豊臣秀吉による根来寺襲撃および高野山や多武峰の武器没収等によって、僧兵の時代に終止符が打たれた。

〈その後の天台宗〉

　比叡山の天台宗は、伝教大師と桓武天皇の関係に象徴されるように、開宗以来、政治権力と深い関わりを持っていた。特に藤原摂関家とのつながりは、比叡山に繁栄をもたらした反面、僧侶の貴族化や世俗化が進み、比叡山は次第に退廃していった。さらには、政変や動乱に巻き込まれるようになり、織田信長の比叡山焼き打ちによって壊滅的打撃を受けることとなった。しかし、その後、豊臣秀吉によって根本中堂の再建をはじめ諸堂宇の復興がなされた。

　天台宗が名実ともに復興を遂げたのは、江戸時代の天海（一五三六〜一六四三）の時である。天海は、徳川家康・秀忠・家光の三代にわたり帰依を受け、比叡山の復興とともに、家康の遺骸を久能山から日光山に移し、東照社（のちの東照宮）を創建して東照大権現として祀っている。寛永二（一六二五）年には、江戸に東叡山寛永寺を創建して宗政の中心を関東に移した。寛永寺は徳川家の菩提寺として繁栄し、三代目以降の住職は皇室から法親王が入山し、東叡山・日光山・比叡山の三山を管領した。以後、この三山は、天台宗の三大本山とされた。

また、この時代には、妙立（一六三七～一六九〇）、霊空（一六五二～一七三九）らによる戒律復興運動である安楽騒動が起こった。寛文十二（一六七二）年、妙立は具足戒を受けて小乗の四分律を兼学することを宣揚し、僧風の粛正を図るとともに、中国趙宋天台の教学を重視した。妙立のあとを受けた霊空は、比叡山に安楽律院を中興し律義を弘める道場としたが、伝教大師の大乗円戒の立場から四分兼学の制度は受け入れられなかった。しかし、これ以降、趙宋天台が教学の主流となり、平安末期から続いた中古天台本覚思想は終焉を迎えた。

明治に入り、約一万カ寺あった寺院は、廃仏毀釈によって約四千カ寺に減り、また明治七（一八七四）年に寺門派（園城寺）が、明治十一年に真盛派（西教寺）が、それぞれ天台宗から独立した。

その後、昭和十五（一九四〇）年の宗教団体法により一時、天台宗として統合されたが、戦後には再び分派し、さらに四天王寺（和宗）や浅草寺（聖観音宗）なども独立するに至った。

【本尊】

天台宗では、法華経本門で開顕された久遠実成無作の本仏釈尊を本尊としている。さらに円密一致の宗旨から、釈尊と大日如来は一体不二であるとして大日如来も本尊とする。また、その他の仏・菩薩・明王などは、衆生済度のために本仏が縁に随って身を変えて現れたものであるから、等しく尊信するとする。実際、延暦寺内の諸堂にも、

東塔・根本中堂…薬師如来
東塔・大講堂……大日如来
西塔・釈迦堂……釈迦如来
西塔・浄土院……阿弥陀如来
横川・横川中堂…聖観音菩薩

と多種多様な本尊が祀られている。

また、各末寺の本尊も、釈迦・薬師・阿弥陀の三尊のほかに、大日如来、観世音菩薩、不動明王、毘沙門天、両界曼荼羅、祖師像など多種にわたっている。

【教義の概要】

〈天台大師・妙楽大師の教義〉

教観二門

教相門とは、経論の解釈や研究を中心とした教理・理論面を言い、主に『法華玄義』『法華文句』に明かされている。

天台大師は、釈尊一代の教説を五時八教をもって判釈し、法華経こそ純円一実の教えであることを示した。また、法華経以前の諸経は、開会の法門によって法華経に包摂されることを明かした。

観心門とは、教相門で明らかになった教理（悟り）を体得するための修行や、そのための諸規定等を示したもので、主に『摩訶止観』に明かされている。

教相門

一、五時八教

五時とは、釈尊一代の化導を説法の順序に従って、華厳時・阿含時・方等時・般若時・法華涅槃時の五期に分類したものを言う。

八教とは、釈尊一代の教説をその内容から分類した化法の四教と、化導の形式から分類した化儀の四教を合わせたものを言う。化法の四教とは蔵教・通教・別教・円教、化儀の四教とは頓教・漸教・秘密教・不定教である。八教を薬に譬えれば、化法の四教は薬の成分、化儀の四教は薬の調合法である。

法華経は仏の真意を直ちに説いたもので、八教を超えた優れた教えであることから「超八醍醐」と言う。

天台大師は五時八教判をもって、法華経が一代聖教のなかで最第一であり、純円一実たる釈尊本懐の経典であることを証明したのである。

二、開会

開会とは、権を開して実に会入せしめることを言い、「開」は開く、「会」は合わせる、一つになるなどの意味である。

一切の爾前経は、三乗の機根を調えるために設けられた方便であり、法華経の一仏乗から開き説かれた教法である。故に法華経の教えが説かれたのちは、三乗の教えである爾前諸経はすべて法華経の一仏乗に会入される。

法華経に開会された爾前経は法華経の体内の権として蘇生され、法華経に包摂されるので、法華経以外に爾前権経として存立することはない。

この意義を天台大師は、迹門の開三顕一・会三帰一、本門の開迹顕本として明かし、この開会の意義を含む法華経こそが諸経に超過していることを示された。

観心門

一、一念三千

『摩訶止観』に説かれる法門で、衆生の一瞬一瞬の心に、あらゆる諸法が具わっていることである。一念とは一瞬一瞬の心であり、三千とは三千世間あるいは三千如是と言われる一切の諸法を言う。

二、円頓止観

教理を体得するための修行法を止観と言う。『摩訶止観』には、修行者の能力に応じて、漸次・不定・円頓の三種の止観があるとしつつも、天台大師の本意は円頓止観であり、これは一心三観とも言われる。

天台大師は、円融の三諦によって諸法の真実の姿（諸法実相）を説き明かした。すなわち、諸法の姿には、空諦・仮諦・中諦があり、空諦とは、あらゆる存在には実体がないこと、仮諦とは、あらゆる存在は因縁によって仮りにその姿が現れていること、中諦とは、中道第一義諦とも言い、あらゆる存在は空でも仮でもなく、しかも空であり仮であるということである。

この三諦が互いに融通し合い、三諦それぞれが他の二諦を含んで、しかも一諦に偏執しないことを円融の三諦と言い、これが諸法の真実の姿であるとした。

これを悟るためには、空諦を悟るための観法である従仮入空観（空観）、仮諦を悟るための観法である従空入仮観（仮観）、中諦を悟るための観法である中道第一義諦観（中観）の三観を融じて、自己の心に観達しなければならないとする。その修行法が一心三観、円頓止観であり、これによって一念三千の法理を悟るとするのである。

〈伝教大師の教義〉

伝教大師は、法華経を根本経典とし、天台大師が説いた教義に基づいて、法華円教による一乗思想を打ち立てた。さらに当時、中国で弘まっていた密教、悟りを得る方法である禅（天台では止観と言う）、梵網菩薩戒を基とした大乗戒の三つを、法華円教の教えに基づいて統一し、融合させる四宗融合思想によって天台宗を創設した。

〈円仁の台密教義〉

密教の経典である大日経は、大日如来の慈悲によって育成される悟りの世界を表す胎蔵界を説き、金剛頂経は、煩悩を打ち砕く堅固な悟りの智慧を表す金剛界を説いている。

真言宗では、この金胎両部によって教義を立てているが、円仁は、これに蘇悉地経による蘇悉地法を加えて台密の教義を確立した。蘇悉地経は胎蔵界・金剛界の両部を統一して完成（悉地）するというもので、上中下の三種の悉地や修行法の基本的作法を網羅したものである。

また円仁は、伝教大師の一乗真実・三乗方便の判釈を基に、独自の顕密二教判を立てた。その教判は、蔵通別の三教は三乗教であり顕教であるとする。これに対して、華厳経・般若経・法華経などの円教と、大日経・金剛頂経・蘇悉地経などは共に密教であるとする。そして、法華経などの円教は、理においては大日経等と同じく密教（唯理秘密）であるが、大日経等は事相と理が共に密教（事理倶密）であり、両者を比較すれば「理同事別」であるとするものである。

円仁は、この顕密二教判によって、法華経と真言密教とは共に密教であるが、印(いん)と真言という事相の上で真言密教が勝る(理同事勝)と主張した。

〈円珍の台密教義〉

円珍は、円仁の顕密二教判の上に独自の五時教判を唱え、天台宗の密教化を進めた。円珍は、天台大師の五時教判に大日経を組み込んで、法華経・涅槃経と大日経は共に第五時の説法であるとし、そのなかでも、法華経は初、涅槃経は中、大日経は後に当たる教えであり、大日経は法華経よりもはるかに勝れた教えであるとして「円劣密勝」を主張した。

〈安然の台密教義〉

五教教判

安然は、円仁の顕密二教判、円珍の五時教判を基に五時五教判を立てた。これは蔵通別円の四教の上に密教を加えて五教としたもので、教理内容の上からも、真言密教は法華経に勝れると主張した。

四一教判

安然は、様々に説かれた仏の教えを、「仏」と、説かれた「時」と「場所」と「内容」の四つに分け、「四一教判」を説いて、円仁以来、唱えられてきた、一代仏教はすべて真言密教にほかならないとする一大円教論を大成した。

一、一切仏一仏…三世十方の諸仏は、大日如来の万善万徳が一徳ずつ顕れたものであるから、大日如来の一仏に帰(き)するということ。

二、一切時一時…時を総別に分け、総の一時とは、大日如来が衆生に対して無始無終に密教を説く法爾(ほうに)常恒の説時を言い、別の一時とは、華厳乃至法華・涅槃時等の説時を言う。別の一時は、総の一時が衆生と仏の感応道交により、時々に顕れたものであり、すべての時は大日如来の説時に帰するということ。

三、一切処一処…一切経のそれぞれの説処は、大日如来の本所である自受用法界宮の一処に帰するということ。

四、一切教一教…無量の法門は、皆ことごとく大日如来の教えである真言密教に帰するということ。

一大円教論とは、釈尊の教法はもとより、三世諸仏の所説の法門、さらに宇宙森羅万象は皆、真言密教であるとする円密総合思想である。安然が大成したこの台密の教義は、従来の天台教学に密教の現実肯定主義を取り入れ、衆生はそのままで本来、仏であるという天台本覚思想の隆盛につながっていった。

【修法】

四種三昧

天台大師は『摩訶止観』のなかで一心三観を修するための具体的な修法として四種三昧を設定しており、さらに観法の内容として十乗観法を説いている。

常坐三昧……九十日間、一仏に向かい坐して、心の有り様を分析して観じる。

常行三昧……九十日間、念仏を称えながら道場内の本尊（阿弥陀仏）の周囲を回る。

半行半坐三昧…歩むのと坐するのとを並用する止観。これに方等三昧と法華三昧とがある。

非行非坐三昧…前三種以外のすべての三昧を言い、身体の行儀は行住坐臥を問わないもの。

十乗観法

十乗観法は『摩訶止観』に説かれる正しく観法を修する方法で、観察の対象を十境に分類し、その十境を観察する方法を十乗に分類した観法である。

回峰行

回峰（かいほう）行は、円仁の弟子である相応（八三一～九一八）が創始した修行で、七年間で千日、比叡山の谷や峰を巡って礼拝する行である。

比叡山は古来、神の山と言われ、伝教大師入山後は神仏習合の霊山として尊ばれていたが、台密教義の発展に伴い、比叡山の一木一草すべてが仏であり、密教の曼荼羅世界であると見なされるようになった。したがって、全山を巡礼することは仏の世界に入ることであり、天台宗では聖者となるための重要な修行としている。

また回峰行は、法華経の常不軽(じょうふきょう)菩薩品に説かれる不軽菩薩の礼拝(らいはい)行の実践であるとも言われている。

その他の修法

このほかに、台密の修法としては、蘇悉地法の十八道行法が主として行じられる。これは密教の修法に従って十八種の印を結び、真言を唱える行である。

また、阿弥陀仏を本尊として光明(こうみょう)真言（諸仏・諸菩薩を包括する真言）法を修する光明供(ぐ)などの修法も行う。

このように天台宗と言っても、流派や寺院によって修法は一様ではない。

比叡山の修行では、俗に言う「朝題目に夕念仏」が行われている。これは朝に法華懺法(せんぼう)を用い、夕には阿弥陀経を読誦し念仏する例時作法を行うことから起こった語である。天台宗では、法華と念仏とは一味であることを意味すると説明している。

【門跡寺院】

門跡とは、本来、一門を統摂(とうせつ)するといった意味で、寺院の主を指した言葉であるが、のちに宮家、摂家、貴族の子弟が住職を務める寺院を指すようになった。

天台宗の代表的な門跡寺院を挙げると、輪王寺（栃木県日光市）、三十三間堂を有する妙法院（京都市東山区）、三千院（京都市左京区大原）などである。

そのほか「別格大寺」として、寛永寺（東京都台東区上野）、善光寺大勧進（長野市元善町）、中尊寺（岩手県平泉町）がある。

天台寺門宗

【宗　祖】円珍（八一四〜八九一）
【本　尊】久遠実成無作の本仏釈尊をもって本体とし、諸仏・諸尊を等しく尊信する
【経　論】法華経、大日経、法華三大部、『授決集』
【総本山】園城寺　滋賀県大津市園城寺町二四六
【寺院教会数】二二三
【教師数】六三二
【信徒数】一八二、〇七〇

園城寺（おんじょう）の創建は、飛鳥時代とも奈良時代とも言われる。もともと大友氏の氏寺として建てられ、天智・天武・持統の三天皇の産湯（うぶゆ）の水を汲んだ井戸があることから「御井（みい）の寺」と呼ばれ、のちに三井寺と呼ばれるようになった。

貞観元（八五九）年、大友氏が氏寺（うじでら）である園城寺を円珍に預けたことにより、円珍は伽藍（がらん）を整備修復し、多くの典籍を運び込んで自らの拠点とした。

その後、円仁門徒（山門派）と円珍門徒（寺門派）の争いにより、正暦四（九九三）年、円珍門徒が比叡山を離れて園城寺に移り、ここを拠点とした。

比叡山から独立した戒壇を園城寺に建立しようとして何度か朝廷に願ったが、その都度、山門派の激しい反対に遭って成就（じょうじゅ）しなかった。また、何度も比叡山の僧兵の焼き打

天台寺門宗　園城寺 金堂　（三井寺HPより）

ちに遭い、被災と復興を繰り返した。

明治七（一八七四）年、天台宗から分派独立し、天台宗寺門派となる。その後、昭和十六（一九四一）年、宗教団体法のもとで天台宗に統合されたが、同二十一年、再び独立して天台寺門宗と公称した。

天台寺門宗の特色は、円密一致、三道融合（法華・密教・修験を同等とする）の修行によって即身頓成を目指すところにある。したがって、天台寺門宗は、修験道にも大きな影響を及ぼしている。

天台真盛宗

【宗　祖】真盛（一四四三〜一四九五）

【本　尊】阿弥陀三尊を本尊とし、授戒の戒場には釈迦三尊を本師とし、その他の諸仏、菩薩を副尊とし、諸天善神を伴尊とする。

【経　典】法華三部経、梵網経、浄土三部経

【総本山】西教寺　滋賀県大津市坂本五─一三─一

【寺院教会数】四二八

【教師数】六五七

【信徒数】五二、三六〇

総本山の西教寺は、推古天皇二十六（六一八）年、聖徳太子の創建とされ、慈恵大師良源が念仏道場として中興し、弟子の恵心僧都源信が念仏修行に励んだという。

鎌倉時代になると一時、荒廃したが、後醍醐天皇の命を受けた恵鎮によって復興され、さらに青龍寺の流れを汲む円頓戒の道場ともなった。ここで西教寺は、念仏道場であるのみならず、黒谷流円頓戒の四カ戒場の一つに数えられた。

宗祖の真盛は、伊勢国（三重県）一志郡に生まれ、幼少にして同郡の光明寺盛源を師として出家し、尾張の密蔵院で台密を学んだ。のちに比叡山に登り、三十五歳で大乗会の講師を経て権大僧都に補任されたが、当時の比叡山の退廃に失望し、同山黒谷の青龍寺に隠遁した。

黒谷は、浄土宗の祖・法然が学んだとされる称名念仏の中心地であった。真盛は、ここで念仏の修行に専念し、源信の『往生要集』に啓発され、常に念仏を称えつつ、円戒を守るならば成仏は疑いないと考えた。

文明十八（一四八六）年、真盛は西教寺に入り、円頓戒と称名念仏の二門（戒称二門）による法義を唱え、門流を形成するようになった。

明治十一（一八七八）年、天台宗から独立して天台宗真盛派となり、その後、昭和十六（一九四一）年に宗教団体法のもとで天台宗に統合されたが、同二十一年、天台真盛宗として再び独立した。

【破折の要点】

▼密教化した天台宗は
権実雑乱、師敵対の大謗法

伝教大師は、法華経の法義をもって当時の南都六宗を破折し、像法時代に適した教えを弘めたが、円仁、円珍、安然が積極的に密教を取り入れ、真言密教が法華経よりも勝れるとする理同事勝を主張して、法華円教を最勝とする本来の教義を汚濁してしまった。

伝教大師が円密戒禅の四宗を融合した意図は、あくまで開会の意を基に爾前諸経を法華経の体内の権として依用されたものであって、実教たる法華経を蔑ろにして密教を重んじるものではない。

その証拠に、伝教大師は宗名を「天台法華宗」と名づけられ、また伝教大師出世の本懐たる大乗戒壇を法華円頓戒によって建立されていることからも、あくまで伝教大師の本義は法華最第一にあることが解る。

そもそも、密教の経典である大日経・金剛頂経・蘇悉地経などは、天台大師の五時八教の教判で言えば方等時の説法であり、小乗の教えに執着する二乗を弾呵するために説かれた教えである。これは、直ちに真実の教えを説く法華経には到底、及ばない権りの教えである。

法華経法師品には、

「我が所説の諸経　而も此の経の中に於て
法華最も第一なり」（法華経三二五㌻）

と示され、法華経こそが諸経のなかで最第一の教えであると説き、法華一乗の教学を確立したのが天台・伝教の両大師である。したがって、円仁、円珍、安然が唱えた台密思想は、師である天台・伝教の両大師に敵対するだけでなく、仏説に違背する大謗法の謬論である。

密教化した天台宗は、教義も雑多となり、阿弥陀信仰や修験道まで取り入れるなどして、権実雑乱の謗法の姿を現している。

▼天台の教えは像法時代の教え

仏法流布については時を弁えなければならない。

中国の天台大師は、一代仏教のなかで最勝深秘の教えである法華経を宣揚し、伝教大師は天台大師の教えを基に日本天台宗を開いて、人々に法華経を弘めた。故に、日蓮大聖人は、

「安州の日蓮は恐らくは三師に相承し法華宗を助けて末法に流通せん。三に一を加へて三国四師と号づく」

（顕仏未来記・御書六七九）

と示されて、釈尊の法華経を正しく継承し、弘宣する導師として天台大師、伝教大師を「三国四師」のなかに含められている。

しかし、大集経には五箇の五百歳が説かれており、釈尊滅後二千年を過ぎると末法の時代に入り、釈尊の説かれた仏法が衰え、衆生を救う功力が失われることを明かしている通り、天台大師や伝教大師が弘めた文上の法華経は、像法時代には衆生を救う力があったが、末法の時代である現在にはその力が及ばないのである。

日蓮大聖人は、

「設ひ天台・伝教の如く法のまゝありとも、今末法に至っては去年の暦の如し」

（観心本尊得意抄・同九一四㌻）

と説かれている。すなわち、過ぎ去った昔の暦が用をなさないのと同じように、末法において天台・伝教の教え通りに信仰しても、利益を得ることはできないのである。

同じ三国四師に挙げられる法華経の行者であっても、天台大師、伝教大師と大聖人では大きな相違がある。仏法の本義から見れば、熟脱の仏法の領域である天台大師や伝教大師は像法時代の衆生を救うために出現し、大聖人は下種の本仏として末法の衆生を救済するために、仏法の一切の根源である文底下種の妙法を説き出だされたのである。

これを日蓮大聖人は、

「今、末法に入りぬれば余経も法華経もせん

なし。但南無妙法蓮華経なるべし」（上野殿御返事・同一二一九ページ）

と教示されている。末法の時代は、大聖人が説かれた寿量文底の南無妙法蓮華経を信仰することが、唯一の成仏の道であることを知らなければならない。

▼天台の教えは迹門理の一念三千、日蓮大聖人の教えは本門文底事の一念三千

天台大師は、心と諸法は相即して而二不二の関係であるとして、法華経の教理を基に一念三千の法門を明かした。しかし、この教えは、日蓮大聖人の仏法から見れば浅い教えである。

天台大師の説いた教えは、法華経の迹門を面とし本門を裏とした「迹面本裏」の教えであり、最勝深秘の教えではない。

また、天台大師の教えは迹門熟益・理の一念三千の法門であり、像法時代には利益があっても、五濁悪世の末法の凡夫を救う力はない。

末法の衆生を成仏に導く教えは、日蓮大聖人が説かれた本門寿量品文底の事の一念三千の南無妙法蓮華経以外にないのである。これこそ最勝深秘の教えであり、仏法の根源となる究極の教えである。

▼天台の修行は末法の機根に堪えられないもの

天台の理の一念三千を体得するには、『摩訶止観』に説かれる「十乗観法」と言われる観念観法に依らなければならない。この修行は、過去世に成仏の元となる仏種を下された本已有善の衆生の修行法であって、いまだ仏種を下されたことがない末法の本未有善の衆生には不可能な修行方法である。

これに対して日蓮大聖人の仏法は、久遠元初事の一念三千の妙法を直ちに衆生の心田に下種する教えであり、その修行は、南無妙法蓮華経の御本尊を信じて題目を唱えることである。そこに、あらゆる人々が即身成仏の大利益を得ることができるのである。

天台宗系図

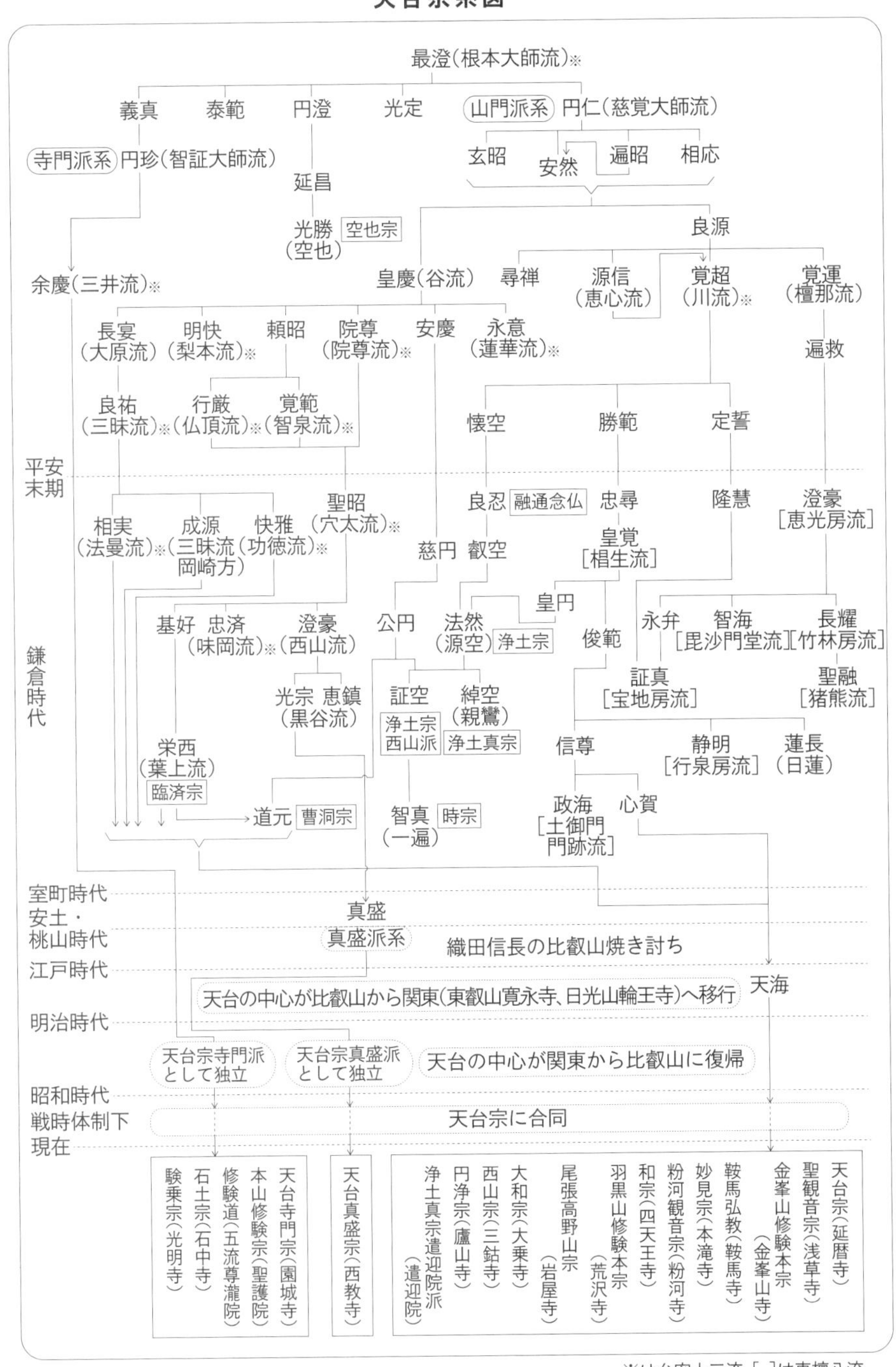

※は台密十三流、[ ]は恵檀八流

三、真言系

【沿革】

真言宗は、東寺・高野山金剛峯寺を本山とし、弘法大師空海（七七四～八三五）の立てた真言密教を説く宗派である。真言宗では、大日如来を根本仏として、大日経・金剛頂経（両部の大経）を所依の経典とし、大日経に説かれる胎蔵界の曼荼羅と、金剛頂経に説かれる金剛界の曼荼羅を礼拝の対象としている。

〈インド・中国の密教〉

真言宗の所伝では、大日如来が、金剛法界宮において大日経を、色究竟天摩尼殿において金剛頂経を説き、それを金剛薩埵が結集し、その後、竜猛菩薩（竜樹）が竜智に伝え、善無畏（六三七～七三五）、金剛智（六七一～七四一）と伝えたという。

唐の開元四（七一六）年、善無畏は大日経をインドから中国に伝え、同十二年、天台僧の一行と共にこれを翻訳した。そのころ法華経が弘まっていたため、善無畏は一行に、本来、大日経にはない法華経の教理を取り入れた『大日経疏』を著させ、大日経が法華経よりも勝れた教えであると説いた。

また開元七年には、金剛智が金剛頂経を中国に伝え、その法を不空に伝授した。不空の弟子・恵果はこの教えを受け継ぎ、金剛界・胎蔵界の両部を一元化して、永貞元（八〇五）年、空海に伝授した。

真言宗では、付法の八祖、伝持の八祖として次の系譜を立てる。

付法の八祖…大日如来―金剛薩埵―竜猛（竜樹）―竜智―金剛智―不空―恵果―空海

伝持の八祖…竜猛―竜智―金剛智―不空―善無畏―一行―恵果―空海

〈空海と真言宗〉

空海は、奈良時代後期の宝亀五（七七四）年、讃岐国多度郡屛風浦（香川県善通寺市）の豪族の子として生まれ、延暦七（七八八）年、十五歳の時、都に上り、十八歳で『論語』『孝経』『史伝』などの儒教を大学で学んだ。しかし、漢籍に満足せず仏教を学び、二十歳のころには山林修行者になっていた。二十四歳の時に『三教指帰』を著して、儒教・道教・仏教のなかで、仏教が最も勝れていることを主張した。

延暦二十三年四月、三十一歳の時、唐へ留学僧として渡った。入唐した空海は、長安の西明寺に住し、醴泉寺の般若に師事して六波羅蜜経を得たほか、翌年五月から十二月まで長安の青竜寺で不空の弟子・恵果に師事した。そこで、密教の金剛界・胎蔵界両部の灌頂を受け、さらに伝法阿闍梨位の灌頂を受けて「遍照金剛」の号を授かった。そして、十二月に恵果が死去し、翌大同元（八〇六）年、空海は在唐二十年の命に背いて、多くの経論、曼荼羅、法具などを持って帰国した。

空海（金剛峯寺HPより）

三年後、上洛を許された空海は、三十六歳の時に嵯峨天皇の信任を得て、真言密教を弘めた。弘仁七（八一六）年、四十三歳の時、高野山を修行の道場と定め、朝廷に寺領の下賜を願い勅許され、金剛峯寺を建立した。さらに弘仁十四年には、平安京の東寺（教王護国寺）を勅賜され、以来、ここを真言宗の根本道場とした。

天長七（八三〇）年には、淳和天皇の勅命によって『十住心論』十巻を著し、宗義の体系を確立した。『秘蔵宝鑰』三巻はその略論である。

承和二（八三五）年三月二十一日、空海は六十二歳をもって高野山で没した。

空海は延喜二十一（九二一）年、醍醐天皇から弘法大師の号を贈られている。

〈空海以後の真言宗〉

空海没後の真言宗は、真済、真雅をはじめとする十大弟子によって継承され、高野山の金剛峯寺と京都の東寺を中心として教線を拡大した。

比叡山の天台宗は真言宗の影響を受け、円仁、円珍の代になって密教化した。のちに、天台密教は「台密」と呼ばれ、東寺を中心とする真言宗の密教は「東密」と呼ばれた。

このあとの真言宗は、真雅から源仁へと受け継がれたが、源仁の弟子の代になり、修法の違いによって、貴族出身の者が主となった益信の門流と、在家出身の者が主となった聖宝の門流に分派した。

益信の門流からは寛平法皇(宇多天皇)が出て、御室仁和寺を真言宗に改め、ここを門流の中心道場とした。また、益信の門流を「広沢流」とも称するが、これは寛朝の代に嵯峨広沢池南畔に遍照寺を創したことに起因する。この広沢流は、のちに六流に分派した。

一方、聖宝は山科に醍醐寺を創し、ここを中心として門流を形成した。聖宝の弟子の観賢は「大師いまだおわします」という空海入定信仰を確立した。聖宝・観賢の門流を「小野流」と称するが、これは仁海の代に山科の小野の地に曼荼羅寺（現在の随心院)を創したことに起因する。小野流も、のちに六流に分派した。この小野・広沢の両流十二派を「野沢根本十二流」と称した。

平安末期の真言宗は、興教大師覚鑁（一〇九五～一一四三）によって大きな転機を迎えた。

覚鑁は、長承元（一一三二）年、鳥羽上皇の御願寺として高野山に大伝法院と密厳院を建立し、真言教学の興隆を図った。覚鑁は大伝法院と金剛峯寺の座主となったが、金剛峯寺方はこれを承服せず、また念仏思想を取り入れた密厳浄土思想を提唱したことにより、東寺と高野山から反感を買った。そして、保延六（一一四〇）年には、大伝法院と密厳院が金剛峯寺方から襲撃される事件が起こり、覚鑁はやむなく根来山に移り、円明寺（根来寺）を建てた。以後、大伝法院と金剛峯寺は、長年にわたって争い、正応元（一二八八）年、大伝法院は頼瑜によって高野山から根来寺に移された。

江戸時代には、覚鑁の前からの教義を説く流派を古義真言宗（金剛峯寺、東寺など）、覚鑁を中興の祖と仰ぐ流派を新義真言宗（根来寺など）と称した。

さらに新義真言宗からは、玄宥を派祖とし京都の智積院を本山とする智山派と、専誉を派祖とし奈良の長谷寺を本山とする豊山派が分かれた。昭和十五（一九四〇）年の宗教団体法により古義・新義の各派は大真言宗として統合されたが、戦後の同二十八年に根来寺を総本山とする新義真言宗が創設されるなど分派して、今日に至っている。

【教義の概要】

真言宗では、依経である金剛頂経と大日経によって、金剛界と胎蔵界の二つの世界を説き、この両部（両界）が不二であるとしている。諸仏のなかで大日如来を最高の仏とし、大日如来と身心共に一体となる修行を行えば、この身このまま仏に成るという「我則大日」の即身成仏を説く。その修行は、手に印を結ぶ身密、真言陀羅尼を唱える口密、心で祈る意密の三密加持の実践にあるとする。

〈本尊〉

真言では大日如来を根本仏としながら、寺院によっては様々な仏・菩薩を本尊としている。

大日如来と諸尊の関係は、大日如来を「普門総体の本尊」、両部曼荼羅の諸尊を「一門別徳の本尊」として、一門即普門と説く。すなわち、種々の機根の衆生を救うために、あらゆる徳を具える大日如来から諸尊が分出されるのであるから、諸尊を本尊としても同じであると言う。

また真言宗では、大日経と金剛頂経の教理を曼荼羅の図絵で表している。大日経に説く如来の理法身を表したのが胎蔵界曼荼羅であり、金剛頂経に説く如来の智法身の徳を表したのが金剛界曼荼羅であり、併せて「金胎両部曼荼羅」と言う。これらは共に、大日如来を中心とし、その上下左右に諸仏、菩薩を配したものであり、これらの諸尊はすべて大日如来の徳相を顕すとする。

〈所依の経論〉

真言宗は、大日経・金剛頂経を両部の大経と称して根本経典とし、これに蘇悉地経を加えて三部秘経、さらに瑜祇経・要略念誦経を加えて五部秘経と称している。

このほかに所依の論疏として、竜樹の『釈魔訶衍論』、不空訳の『菩提心論』、一行の『大日経疏』、空海の『十住心論』『秘蔵宝鑰』『弁顕密二教論』『般若心経秘鍵』などがある。

〈教判論〉

顕密二教判

顕密二教判とは、空海が『弁顕密二教論』等に説いた教判で、顕教と密教の勝劣を判じたものである。顕教とは、衆生の機根に応じて顕わに説かれた教え（顕現浅略の教え）であり、密教とは、表面からは顕わに知りえない秘密に説かれた教え（秘密深奥の教え）であるとする。

空海は、顕教とは釈尊の方便の教えで、密教こそが法身の大日如来が説いた真実の教えであるとして、顕密二教の勝劣を次のように示している。

一、顕教は、応化身である歴史上の釈尊によって説かれた随他意、方便の教えであるから劣り、密教は、法身仏である大日如来が悟りの境界を説いた随自意、真実の教えであるから勝れる。

二、顕教は、修行については説くが、悟りの境界を説くことができない教え（因分可説、果分不可説）であるから劣り、密教は悟りの境界を説いた教え（果分可説）であるから勝れる。

三、顕教は、三大阿僧祇劫という長い間の修行によらなければ成仏しないから劣り、密教では即身成仏を説くから勝れる。

以上のように、空海は顕劣密勝（顕教は劣り、密教が勝ること）を主張した。

十住心判

十住心判とは、空海が大日経の住心品と『菩提心論』に基づき『十住心論』を著して説いた教判である。衆生の住心（宗教意識）を十種に次第して示し、同時に密教と、顕教を含む他の宗教との比較を示したものである。

一、異生羝羊心…牡羊（羝羊）のように、煩悩のままに行動する三悪道の心

二、愚童持斎心…凡夫だが、道徳に目覚めた者の心（儒教等）

三、嬰童無畏心…宗教を求める心が生じた者の心（道教等）

四、唯蘊無我心…仏教に入り、無我の境地に住する小乗声聞の心

五、抜業因種心…十二因縁を観じて苦の因となる惑業を断つ小乗縁覚の心

六、他縁大乗心…他縁、つまり無縁の人々を救おうとする大乗初門の行者の心（法相宗）

七、覚心不生心…あらゆるものは空であると悟る行者の心（三論宗）

八、一道無為心…如実一道心とも言い、三諦円融による中道実相を悟る行者の心(天台宗)

九、極無自性心…真如の世界は諸法が相即・相入して事事無礙であると悟る行者の心（華厳宗）

十、秘密荘厳心…自心に具わる曼荼羅を悟り、大日如来の徳を顕す行者の心（真言宗）

このように十段階に分け、八番目の一道無為心を天台宗に配当し、法華経は華厳経の次であるから、三重下劣の経、第三の戯論と下し、十番目の秘密荘厳心を真言宗に配当し最勝としている。

空海は『秘蔵宝鑰』に、法華経寿量品の釈尊を「無明の辺域にして明の分位にあらず」と言い、いまだ煩悩を断ち切らない迷いの位であると下している。これに対して、大日経の大日如来を悟れる仏（明の分位）であるとしている。

三密加持

三密加持とは真言宗で説く即身成仏の実践法である。真言宗では、三密とは身密・口密・意密のことで、これには仏と凡夫の三密があるとしている。仏の三密とは、仏の身口意の用きを言い、この用きは凡夫の思慮をはるかに超えた尊いものであると説く。凡夫は、手に印契を結び（身密）、口に真言陀羅尼を唱え（口密）、意に大日如来を念ずる（意密）ことによって、仏と一体となって即身成仏を遂げることができるとする。

古義真言宗と新義真言宗の違い

事相（威儀・行法）の面では古義と新義に大差はないが、大日経の教主である大日如来について、古義真言宗では自性身の本地身（法身大日如来）が絶対の立場で説法をするとして本地身説法（自証説）を主張するのに対し、新義真言宗では自性身を本地身と加持身（報身仏）とに分け、本地身に説法はなく、加持身で説法をすると主張する。

高野山真言宗（古義）

【宗　祖】空海（七七四～八三五）
【本　尊】大日如来を普門総体の根本教主とし、両部の諸尊を一門別徳の本尊とする
【経　典】大日経・金剛頂経等
【総本山】金剛峯寺　和歌山県伊都郡高野町高野山一三二
【寺院教会数】三、五九四
【教師数】六、〇八四
【信徒数】不明

昭和二十一（一九四六）年、真言宗各派は独立したが、その一つが高野山真言宗である。なかでも、この宗派は真言系最大で、総本山の高野山金剛峯寺は空海が開創し、没した地でもある。

高野山真言宗　金剛峯寺

東寺真言宗（古義）

【宗　祖】空海（七七四〜八三五）
【本　尊】大日如来
【経　典】大日経・金剛頂経等の五部秘経、『釈摩訶衍論』『大日経疏』等の十巻章
【総本山】東寺（教王護国寺）京都市南区九条町一
【寺院教会数】一三八
【教師数】二二七
【信徒数】不明

東寺（教王護国寺）は、延暦十三（七九四）年の平安遷都の際、羅城門の東側に王城守護のために建てられたものである。空海が嵯峨天皇から弘仁十四（八二三）年に寄進を受け、以後、真言宗の根本道場となった。

従来、真言宗東寺派と称していたが、昭和四十六（一九七一）年、総本山の東寺が東寺派から離脱し、翌四十七年に「東寺真言宗」と名乗り独立した。

東寺真言宗　東寺 金堂

真言宗智山派（新義）

【宗　祖】空海（七七四～八三五）
【中興の祖】覚鑁（一〇九五～一一四三）
【開　山】玄宥（一五二九～一六〇五）
【本　尊】大日如来を総徳の本尊とし、両部曼荼羅の諸尊を別徳の本尊とする
【経　典】大日経・金剛頂経等
【総本山】智積院　京都市東山区東大路通り七条下る東瓦町九六四
【寺院教会数】二、九〇〇
【教師数】三、五一九
【信徒数】五五二、一八二

覚鑁（かくばん）に始まる新義真言宗の一派である。

明治十八（一八八五）年に豊山（ぶざん）派と共に真言宗新義派を公称し、同三十三年には豊山派と分かれて新義真言宗智山（ちさん）派と称し、昭和二十七（一九五二）年に真言宗智山派となった。

真言宗智山派　智積院

真言宗豊山派（新義）

【宗　祖】空海（七七四～八三五）
【中興の祖】覚鑁（一〇九五～一一四三）
【派　祖】専誉（一五三〇～一六〇四）
【本　尊】大日如来（普門の本尊）、曼荼羅の諸尊（一門別徳の本尊）、空海
【経　典】大日経・金剛頂経等
【総本山】長谷寺　奈良県桜井市初瀬七三一―一
【寺院教会数】二、六四九
【教師数】三、一八三
【信徒数】一、四二〇、一八〇

総本山である長谷寺の創建は、奈良時代である。観音霊場として知られていたが、専誉が入寺してから智積院と共に新義真言宗の本山となった。

明治三十三（一九〇〇）年、智山派と分かれて新義真言宗豊山派と称し、昭和二十七（一九五二）年に真言宗豊山派となった。

真言宗豊山派　長谷寺

【破折の要点】

▼大日如来は有名無実の仏

空海は『秘蔵宝鑰』において、釈尊を「無明の辺域」とし、大日如来に劣ると貶めているが、日蓮大聖人が『諸宗問答抄』に、

「父母なし、説く所なし、生死の所なし、有名無実の大日如来なり」（御書三七ページ）

と仰せのように、大日如来はこの世に出現したこともなく、衆生に法を説いたこともない、すなわち名のみあって実体のない架空の仏に過ぎない。これに対して釈尊は、インドに出現して実際に人々を教導した仏であり、この実在の釈尊を架空の大日如来に劣るとする空海の主張は空論である。

▼真言宗の「顕劣密勝」は大謗法の邪義

空海は、釈尊の教えを方便の顕教とし、大日如来の説いた大日経は真実にして密教であるとして、法華経を真言よりも三重の劣であり「戯論の法」だと貶めている。

しかし、大日経をはじめとする真言所依の経は、悪人・女人の成仏や二乗作仏・久遠実成を説いておらず、一切衆生が成仏できる教えではない。これらを説き明かして一切衆生の成仏を開いた法華経よりも、はるかに劣る経典である。

法華経には、

「此の法華経は、諸仏如来の秘密の蔵なり。諸経の中に於て、最も其の上に在り」

（安楽行品第十四・法華経三九九ページ）

「一切の諸の経法の中に於て、最も為れ第一なり。仏は為れ諸法の王なるが如く、此の経も亦復是の如し。諸経の中の王なり」

（薬王菩薩本事品第二十三・同五三五ページ）

等と説かれ、法華経こそ一切経において最勝の経典であり、真実の秘密教であることが明かされている。

したがって、法華経を誹謗する空海の主張は、

「若し人信ぜずして　此の経を毀謗せば　則

ち一切　世間の仏種を断ぜん」
（譬喩品第三・同一七五ページ）

と説かれるように、人々の仏種を断じて悪道に導く大謗法の邪義である。

▼真言宗は法盗人

善無畏が一行に書かせた『大日経疏』には「彼（法華経）に諸法の実相と言ふは即ち是れこの経（大日経）の心の実相なり」と述べ、また大日経の「我は一切の本初なり」との文を釈して「本初とは即ち是れ寿量の義なり」と述べて、大日経にも法華経と同様に諸法実相・久遠実成が説かれていると主張している。

このことについて、日蓮大聖人は『開目抄』に、

「此の経に二箇の大事あり（中略）華厳宗と真言宗との二宗は偸かに盗んで自宗の骨目とせり」（御書五二六ページ）

と仰せられ、真言宗が法華経の二箇の大事を盗み取って自宗の肝要としたことを指摘されている。

『神国王御書』に、

「善無畏三蔵・金剛智三蔵・不空三蔵等の三三蔵は（中略）法偸みの元師なり、盗人の根本なり」（同一三〇三ページ）

と仰せのように、善無畏等が法華経の大事を盗み取って大日経を最勝と偽ったことは、法盗人の大罪である。

▼真言宗の即身成仏はまやかし

空海は『弁顕密二教論』『即身成仏義』において、真言密教によって即身成仏がかなうと述べている。

しかし、大聖人が『真言見聞』に、

「二乗は無量無辺劫の間、千二百余尊の印契・真言を行ずとも、法華経に値はずんば成仏すべからず。印は手の用、真言は口の用なり。其の主が成仏せざれば口と手と別に成仏すべきや」（同六一三ページ）

と仰せのように、真言密教によって手に印を結び、口に真言を唱える等の三密加持の修法を行じても、所依の経典に即身成仏が説かれていないた

め、その境界を成ずることはできない。

▼真言宗は亡国の悪法

日蓮大聖人は『早勝問答』に、

「亡国の証拠如何(いかん)。答ふ、法華を誹謗する故なり云云。一義に云はく、三徳の釈尊に背く故なり云云。一義に云はく、現世安穏後生善処の妙法蓮華経に背き奉る故に、今生には亡国、後生には無間と云ふなり」

（同五〇二ページ）

と、釈尊に背いて法華経を誹謗する真言宗は国を亡ぼし、人々を無間地獄に堕(お)とす悪法であると仰せである。

さらに大聖人は『瑞相御書』に、

「真言師等が大慢、提婆達多(だいばだった)に百千万億倍すぎて候。真言宗の不思議あらあら申すべし。胎蔵界の八葉の九尊を画(え)にかきて、其の上にのぼりて諸仏の御面をふみ(踏)て潅頂(かんじょう)と申す事を行なふなり。父母の面をふみ、天子の頂をふむがごとくなる者国中に充満して上下の師となれり。いかでか国ほろびざるべき」

（同九二一ページ）

と仰せられ、真言師が諸仏の面を踏みつけて潅頂を行う大慢を挙げ、そのような不孝不忠の教えは亡国の邪義であると破折されている。

なお、真言宗では、空海ゆかりの八十八カ所霊場を巡礼する四国遍路を行うことで利益があると吹聴しているが、これも根拠のないまやかしである。

また、不動明王・愛染明王などを本尊として護摩(ごま)を焚(た)く修法によって災厄を払い、所願を成就できると宣伝しているが、真言の教え自体が真の成仏を説く法華経に背く故に、かえって不幸を招く呪法となるのである。

真言宗系図

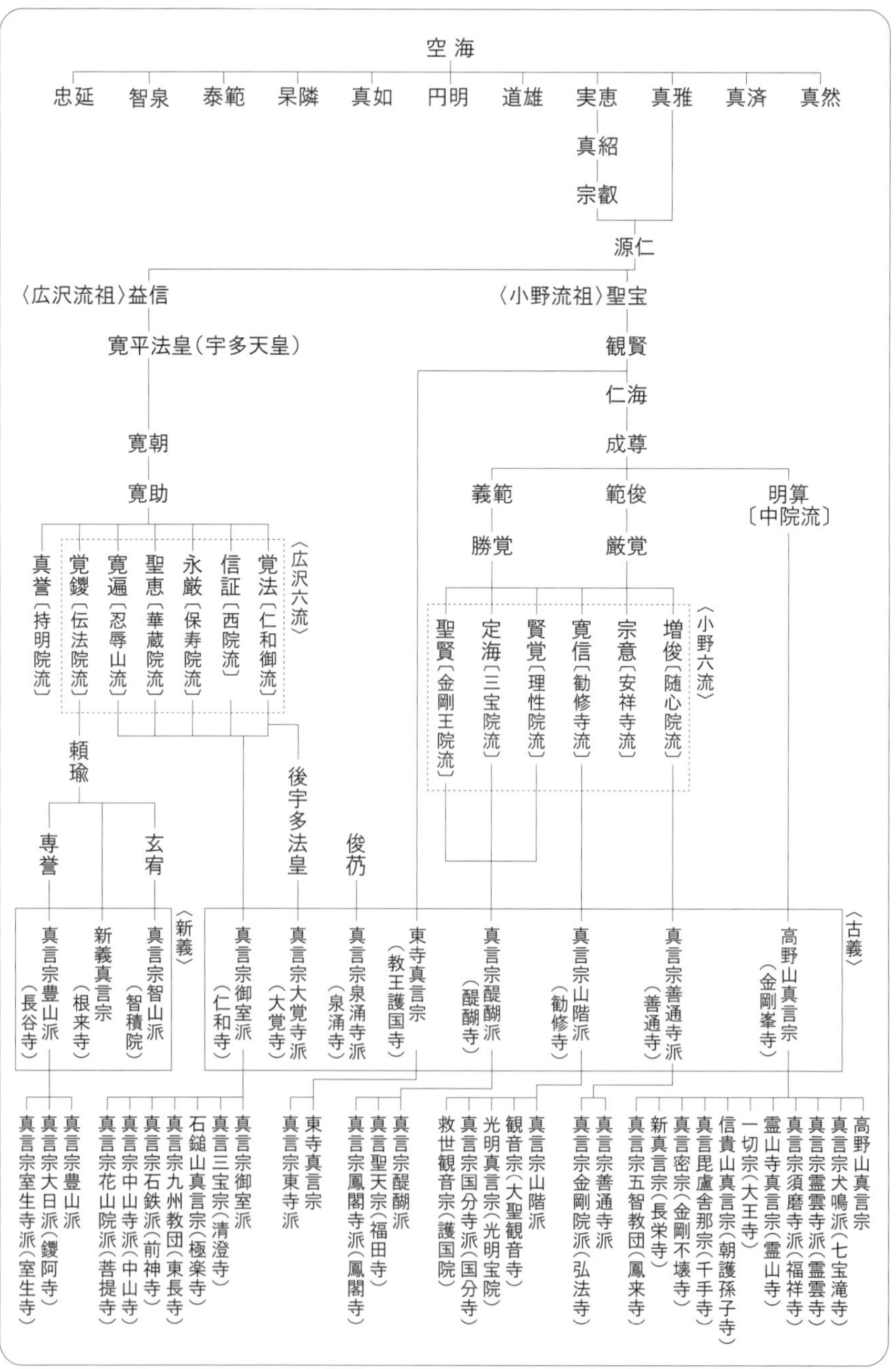
空海
忠延
智泉
泰範
杲隣
真如
円明
道雄
実恵
真雅
真済
真然
真紹
宗叡
源仁
〈広沢流祖〉益信
〈小野流祖〉聖宝
寛平法皇（宇多天皇）
観賢
仁海
寛朝
成尊
寛助
義範
範俊
明算〔中院流〕
勝覚
厳覚
真誉〔持明院流〕
覚鑁〔伝法院流〕
寛遍〔忍辱山流〕
聖恵〔華蔵院流〕
永厳〔保寿院流〕
信証〔西院流〕
覚法〔仁和御流〕
〈広沢六流〉
聖賢〔金剛王院流〕
定海〔三宝院流〕
賢覚〔理性院流〕
寛信〔勧修寺流〕
宗意〔安祥寺流〕
増俊〔随心院流〕
〈小野六流〉
頼瑜
後宇多法皇
専誉
玄宥
俊芿
〈新義〉
真言宗豊山派（長谷寺）
新義真言宗（根来寺）
真言宗智山派（智積院）
〈古義〉
真言宗御室派（仁和寺）
真言宗大覚寺派（大覚寺）
真言宗泉涌寺派（泉涌寺）
東寺真言宗（教王護国寺）
真言宗醍醐派（醍醐寺）
真言宗山階派（勧修寺）
真言宗善通寺派（善通寺）
高野山真言宗（金剛峯寺）
真言宗室生寺派（室生寺）
真言宗大日派（鑁阿寺）
真言宗豊山派
真言宗花山院派（菩提寺）
真言宗中山寺派（中山寺）
真言宗石鉄派（前神寺）
真言宗九州教団（東長寺）
石鎚山真言宗（極楽寺）
真言三宝宗（清澄寺）
真言宗御室派
真言宗東寺派
東寺真言宗
真言宗鳳閣寺派（鳳閣寺）
真言聖天宗（福田寺）
真言宗醍醐派
救世観音宗（護国院）
真言宗国分寺派（国分寺）
光明真言宗（光明宝院）
観音宗（大聖観音寺）
真言宗山階派
真言宗金剛院派（弘法寺）
真言宗善通寺派
真言宗五智教団（鳳来寺）
新真言宗（長栄寺）
真言密宗（金剛不壊寺）
真言毘盧舎那宗（千手寺）
信貴山真言宗（朝護孫子寺）
一切宗（大王寺）
霊山寺真言宗（霊山寺）
真言宗須磨寺派（福祥寺）
真言宗霊雲寺派（霊雲寺）
真言宗犬鳴派（七宝滝寺）
高野山真言宗

四、浄土系

【沿革】

浄土教とは、阿弥陀仏の本願に基づき、観仏や念仏によって穢土であるこの娑婆世界を去り、阿弥陀仏の極楽浄土に往生することを説く教えである。

最初に浄土教の思想を唱えたのは、インドの竜樹や世親で、特に世親の『浄土論』は、北魏の曇鸞の註釈を通じて後世に大きな影響を与えた。

中国における浄土教には、主に慧遠流、曇鸞・道綽・善導流、慈愍流の三系統があった。このうちの曇鸞は、菩提流支より観無量寿経を授けられて浄土教に帰依し、『往生論註（浄土論註）』を著して念仏の教義を説いた。その後、道綽（五六二～六四五）と、その弟子の善導（六一三～六八一）によって、無量寿経・観無量寿経・阿弥陀経の三部経による浄土念仏の思想が大成された。

日本においては、奈良時代の七世紀前半に浄土教が伝えられた。平安時代になると、天台宗の円仁（七九四～八六四）が中国から引声念仏等を伝えて天台浄土教を創始し、貴族等に弘まった。

また平安中期以降には、空也（九〇三～九七二）と恵心源信（九四二～一〇一七）によって、浄土教が弘められた。

空也は、阿弥陀仏の救いを念じ、穢れたこの世を離れて極楽浄土に往生することを願う教えとして、念仏を弘めた。また空也は、乞食の身なりで金鼓や錫杖等を持ち、諸国を巡歴して人の集まる町中で布教した。このように寺院に所属せず、諸国を巡って弘教する僧を「聖」と言い、空也は「阿弥陀聖」「市聖」とも呼ばれた。

天台宗の源信は『往生要集』を著して念仏を勧めた。これによって、貴族は競って阿弥陀仏を安置し、現世に極楽世界を現そうとした。

平安末期に出た良忍は、延久五（一〇七三）年、尾張国知多郡（愛知県東海市）の領主の子に生まれ、初め比叡山で修行して、二十三歳で京都大原に隠退し、のちに来迎院を建てて、専ら浄土の行を修した。その後、永久五（一一一七）年、念仏三昧中に「融通念仏の偈」を感得し、広く念仏を勧進して融通念仏宗を開いた。

鎌倉時代の初頭にかけて法然は、浄土三部経と世親の『浄土論』、さらに善導の教判を基として専修念仏（称名念仏）義を立て、日本浄土宗を開いた。

法然は、平安時代末期の長承二（一一三三）年に美作国久米郡（岡山県久米南町）に武家の長男として生まれた。十三歳の時に比叡山に登り、十五歳で得度して天台教学を学んだ。十八歳の時、黒谷に移り、良忍に師事した叡空に従って浄土教を修め、法然房源空と称した。四十三歳の承安五（一一七五）年に、善導の『観無量寿経疏（観経疏散善義）』の「一心専念弥陀名号（一心に専ら弥陀の名号を念ず）」等の文によって専修念仏を確立した。さらに建久九（一一九八）年には、浄土宗の根本聖典となる『選択本願念仏集（選択集）』を著した。

法然（増上寺HPより）

この専修念仏が弘まるにしたがって、法然は仏教各派から弾圧を受け、建永二（一二〇七）年、四国に流罪となったが、同年中に赦免された。そして建暦二（一二一二）年、念仏の肝要を記した『一枚起請文』を遺し、一月二十五日、京都東山大谷の地で八十歳で死去した。

法然の没後、九州に拠点を置いた弁長は鎮西流を、京都で貴族の間に勢力のあった証空は西山流を、親鸞は浄土真宗を、それぞれ開いた。

親鸞は、承安三（一一七三）年四月、藤原氏の一族、日野有範の子として生まれた。九歳で出家して比叡山で修行したが、建仁元（一二〇一）年、聖徳太子の夢告を得たとして法然の門下に入り、法然の教えこそ「真の宗」であると考えた。

このあと、親鸞は非僧非俗の立場を取って恵信尼と結婚し、建永二年には師の法然が四国に流されたことに伴い、親鸞は越後国（新潟県）に流罪となった。そののち、四十歳ごろからは家族と共に関東の地で布教した。

浄土真宗は、親鸞五十二歳の元仁元（一二二四）年に『顕浄土真実教行証文類（教行信証）』の草稿を著した時を立教としている。

親鸞没後、文永九（一二七二）年、娘の覚信尼によって大谷に親鸞の廟堂が建立され、三代・覚如（親鸞の曽孫）の時、廟堂を「本願寺」と称したが、その後、寛正六（一四六五）年に比叡山の衆徒によって破却された。

本願寺八代・蓮如の時、浄土真宗は全国に弘まり、真宗他派や時宗を吸収して大教団となって、山科（京都市山科区）の地に本願寺を再建した。しかし、天文年間（一五三二～五五）に法華一揆によってこの山科本願寺も破却され、蓮如の隠居所であった大坂本願寺が本拠地となった。本願寺は織田信長との石山合戦を経て、天正十九（一五九一）年に現在地の堀川に移った。

親鸞（真宗会館HPより）

慶長七（一六〇二）年、十二代・教如は徳川家康から本願寺の東に寺地を受け、別に本願寺（東本願寺、現在の真宗大谷派）を創した。これを機に本願寺は東西に分かれ、元の本願寺を西本願寺（現在の浄土真宗本願寺派）と呼んだ。

鎌倉中期に起こった時宗は、浄土宗西山流の聖達の弟子である一遍が開いた。

一遍は、延応元（一二三九）年、伊予国道後（愛媛県松山市）の豪族・河野通広の子として生まれ、十歳で出家したのち、太宰府の聖達のもとで浄土教を学んだ。その後、諸国を遊行し、念仏の札を配って歩く一所不住の生活を送った。このことから時宗を「遊行宗」とも言う。時宗は、室町時代末期に浄土真宗に吸収されて衰微した。

【教義の概要】

浄土宗は、阿弥陀仏を本尊とし、無量寿経・観無量寿経・阿弥陀経の浄土三部経を所依の経典としている。

浄土宗の教えは、この世は苦悩に満ちた穢土であり、専ら阿弥陀仏の名号を称えること（専修念仏）によって阿弥陀仏の本願力に適い、この穢土を離れて西方十万億土にあるという極楽浄土に往生できるとして「他力本願」の教えを説く。他土を求める理由について、曇鸞は『往生論註』に「五濁の時」、つまり末法無仏の時には、此土では自力で成仏できないから、としている。

その教義の特徴は、二者択一の「選択」の教判にある。浄土宗では、仏教を難行・易行の二道に分け、難行道を自力聖道門、易行道を他力浄土門とし、難行を捨てて易行を選び取るのである。

難易二道は、インドの竜樹の著である『十住毘婆沙論』易行品の、

「仏法に無量の法門あり。世間の道に難あり易あり、陸道の歩行は則ち苦しく、水道の乗船は則ち楽しきが如し、菩薩の道も亦是くの如し」

の文を根拠としている。すなわち陸路の歩行は難行、水路の乗船は易行という譬えをもって、菩薩が不退の位に至るには難行・易行の二つの道があるとし、難行道とは難行苦行によって悟りを得ようとすることであり、易行道とは仏や菩薩を信じ、その力によって悟りを得ようとするものである。

中国浄土宗の祖・曇鸞は『往生論註』のなかで、「難行道」と「易行道」に自力と他力を加えて極楽往生を説いた。ここで言う自力とは自分で修行することを言い、他力とは阿弥陀仏の力にすがることを言う。

曇鸞は、難行道とは浄土三部経以外の経典に説かれる修行（自力）であると言い、この自力・難行道では悟りは開けないとしている。これに対し、易行道とは浄土三部経に説かれる念仏の修行であり、阿弥陀仏の本願を信じ、阿弥陀仏の力（他力）によってのみ極楽往生が遂げられるとしている。

中国浄土宗の二祖・道綽は、曇鸞の教えを基に、『安楽集』において一代仏教を「聖道門」と「浄土門」の二門に分けた。門とは教えのことで、聖道門とは、自力の行を励み、この世で悟りを開くことを目指す聖者の道を言い、浄土門とは、阿弥陀仏の本願を信じて念仏を修行すれば、阿弥陀仏の力によって西方極楽浄土に往生し、さらに修行して悟りを開くという教えである。

道綽は、聖道門は自力教で難行道であり、浄土門は他力教で易行道であるとし、浄土三部経に説かれる浄土門こそ凡夫の機に適った教えであり、「唯（ただ）浄土の一門のみ有りて通入すべき路（みち）なり」と主張し、浄土三部経以外の聖道門を「未（いま）だ一人も得る者有らず」と否定した。

中国浄土宗の三祖・善導は『観無量寿経疏』『往生礼讃（らいさん）偈』を著し、浄土教を大成した。

善導は、仏道修行に「正行」と「雑行（ぞうぎょう）」の二行を立てた。正行とは阿弥陀仏に対する五種の行(読誦・観察（かんざつ）・礼拝・称名・讃歎（さんだん）供養)であり、雑行とは浄土三部経以外の教えによる修行で、それらは雑多で無益な修行であるとした。そして、この正行を修行する者は「十即十生　百即百生」と言って、すべての人が往生できるとし、念仏以外の雑行を修する者を「千中無一」と言って、千人に一人も往生できないとした。さらに、五種の正行の一つである称名こそ、阿弥陀仏の本願に適う往生のための行であるから正定業（しょうじょうごう）（正業）とし、他の四正行は称名を助成するものであるから助業とした。

日本浄土宗の開祖・法然は『選択本願念仏集』を著し、善導の教えを基に、正定業の称名念仏のみによって往生できるとして、口（く）称の専修念仏を強調した。また、自宗を浄土門・易行道・正行と立て、他宗を難行道・聖道門・雑行と称し、雑を捨て、定散の門を閉じ、聖道門を閣（さしお）き、諸雑行を抛（なげう）て（捨閉閣抛（しゃへいかくほう））と述べ、浄土三部経以外の、法華経をはじめとする一切経を排斥した。

浄土宗各派の特徴的な教義は、それぞれの宗派欄で解説する。

融通念仏宗

【宗　祖】 良忍（一〇七三〜一一三二）
【本　尊】 天得如来（阿弥陀如来と十菩薩の像）
【経　典】 華厳経・法華経・無量寿経・観無量寿経・阿弥陀経・梵網経
【総本山】 大念仏寺　大阪市平野区平野上町一―七―二六
【寺院教会数】 三五九
【教師数】 四二二
【信徒数】 一〇六、八一〇

融通念仏は、華厳経の事事無礙融通思想と法華経の十界互具互融の説に基づいた念仏説である。

永久五（一一一七）年、良忍が四十六歳の時、修行中、阿弥陀如来から夢告で授けられたという「一人一切人、一切人一人、一行一切行、一切行一行、是名他力往生。十界一念、融通念仏、億百万遍、功徳円満」との偈文を立宗の基としている。これは「念仏を称えれば、その功徳は一切に及び、自分にも返ってくる。念仏の一行は万行に通じ、万行は念仏一行に収まる。念仏を称えるなかに、阿弥陀仏の本願力と自分の念仏の力と他の念仏の力が互いに融通して大きな功徳となる」ということで、苦悩の娑婆世界が直ちに寂光浄土に転じて、現世に仏国土が築かれるとした。

良忍は、天治元（一一二四）年に入洛して鳥羽上皇をはじめ公卿百官に念仏を説き、その後、摂津住吉郡

融通念仏宗　大念仏寺 本堂（大念仏寺HPより）

平野郷（大阪市平野区）の修楽寺に留まって布教した。

明治七（一八七四）年、融通念仏宗と公称し、修楽寺は総本山大念仏寺となった。

浄土宗

【宗　祖】法然（一一三三〜一二一二）
【本　尊】阿弥陀仏
【経　典】無量寿経・観無量寿経・阿弥陀経
【総本山】知恩院　京都市東山区林下町四〇〇
【寺院教会数】七、〇〇八
【教師数】一〇、六二〇
【信徒数】六、〇二一、九〇〇

浄土宗は、法然を宗祖とし、教旨を、

「阿弥陀仏に帰命し、その本願を信じ、称名念仏によって、その浄土への往生を期するにある」（宗綱第三条）

としている。

法然は、当時の貴族化した伽藍仏教を否定し、称名念仏こそが、すべての衆生を平等に往生せしめる教えであるとして「念仏為先」を主張した。

法然の没後、称名の意義をめぐり、一度の念仏で浄土往生できるとする「一念義」と、臨終の往生のために日ごろから数多くの念仏を称えるべきだとする「多念義」等の論争が生じた。これにより隆寛の多念義（長楽寺流）、弁長の筑紫義（鎮西流）、幸西の一念義、証空の弘願義（西山流）、長西の諸行本願義（九品寺流）、親鸞の浄土真宗等の諸流派が形成された。

今日の主流は、鎮西流を中心とした流派で、三祖の良忠（一一九九～一二八七）が教団の基礎を固め、七祖の聖冏の時に宗義を明確にした。

その他の浄土宗諸派の系譜は、次ページの表の通りである。

浄土宗 知恩院 三門（知恩院HPより）

浄土宗系図

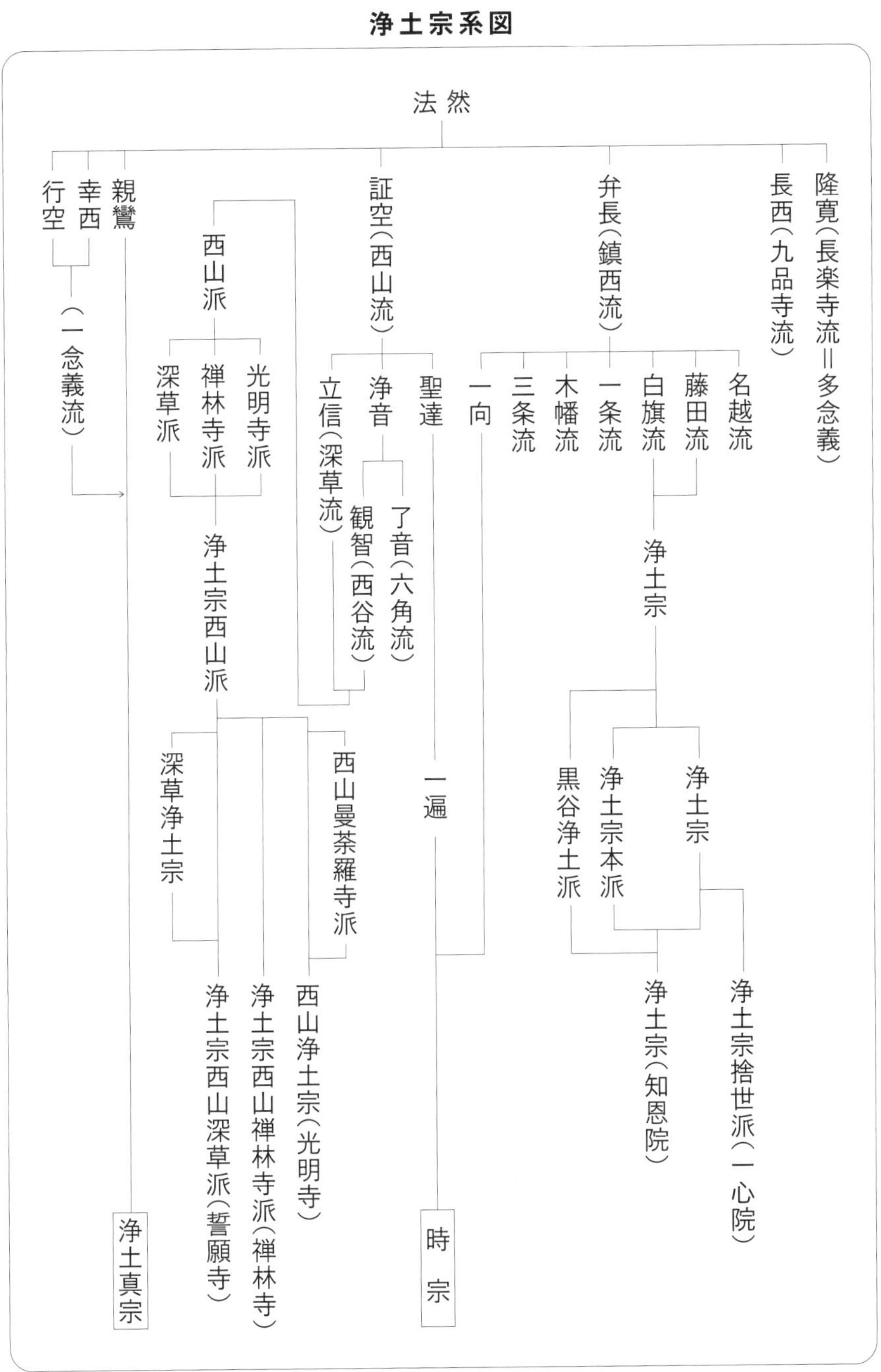
法然
親鸞
幸西
行空
（一念義流）
浄土真宗
証空（西山流）
西山派
光明寺派
禅林寺派
深草派
浄土宗西山派
西山曼荼羅寺派
深草浄土宗
西山浄土宗（光明寺）
浄土宗西山禅林寺派（禅林寺）
浄土宗西山深草派（誓願寺）
聖達
浄音
立信（深草流）
了音（六角流）
観智（西谷流）
一遍
時宗
弁長（鎮西流）
名越流
藤田流
白旗流
一条流
木幡流
三条流
一向
浄土宗
浄土宗
浄土宗本派
黒谷浄土派
浄土宗（知恩院）
浄土宗捨世派（一心院）
長西（九品寺流）
隆寛（長楽寺流＝多念義）

浄土真宗本願寺派（西本願寺）

【宗　祖】親鸞（一一七三～一二六二）
【本　尊】阿弥陀如来
【経　典】無量寿経・観無量寿経・阿弥陀経
【総本山】本願寺　京都市下京区堀川通花屋町下る本願寺門前町
【寺院教会数】一〇、二五〇
【教師数】一九、二〇五
【信徒数】七、八六八、九七一

浄土真宗は、古くは一向宗、門徒宗と呼ばれたが、明治五（一八七二）年に名称を真宗と改め、本願寺派は昭和二十一（一九四六）年に浄土真宗と称して、現在に至っている。

宗祖・親鸞の教えの特徴は、師である法然の専修念仏、他力思想をさらに進め、絶対他力、悪人正機（救済）、往生成仏にある。法然の教えには、念仏を自分の意志で称えるという自力の部分があるが、親鸞は、念仏を称えることも阿弥陀仏の本願力によるものとし、一切の自力を捨てて「信心為本」に立つ、絶対他力を主張した。

また、『歎異抄』第三条に、

「善人なをもて往生をとぐ、いはんや悪人をや」

と説き、悪人こそ仏が救済する対象であり、阿弥陀仏の本願力を受ける機根であるという悪人正機説を唱え、農民層を中心に布教した。

また、親鸞

浄土真宗本願寺派　西本願寺 御影堂

は依経である浄土三部経に勝劣をつけ、無量寿経を真実の教えとし、観無量寿経・阿弥陀経を方便の教えとした。これによって浄土真宗では、三経一致を説きながらも、真実の法門を明かした経典として無量寿経を最も重視している。

真宗大谷派（東本願寺）

【宗　祖】親鸞（一一七三～一二六二）
【本　尊】阿弥陀如来
【経　典】無量寿経・観無量寿経・阿弥陀経
【本　山】本願寺（真宗本廟）京都市下京区烏丸通七条上る

【寺院教会数】八、六二四
【教師数】一七、一四五
【信徒数】七、四四七、二六五

本願寺は親鸞（しんらん）を宗祖とし、八代・蓮如（一四一五～一四九九）の時に急激に発展したが、十一代・顕如の時、織田信長との対立が原因となって、顕如と長男の教如が不和となった。

さらに豊臣秀吉の時代には、顕如の跡目をめぐって、顕如の長男・教如と三男・准如（じゅんにょ）の間に確執があった。准如が顕如の跡を継ぐことになり、隠居させられた教如は慶長七（一六〇二）年、徳川家康から寺用地の寄進を受けて本願寺の東に寺を建立した。これが東本願寺である。

明治五（一八七二）年、他の真宗諸派と共に「真宗」と称し、同十四年には「真宗大谷派」と改称して現在に至っている。

なお、東西本願寺の教義に大きな違いはない。

真宗大谷派　東本願寺 御影堂門

浄土真宗系図

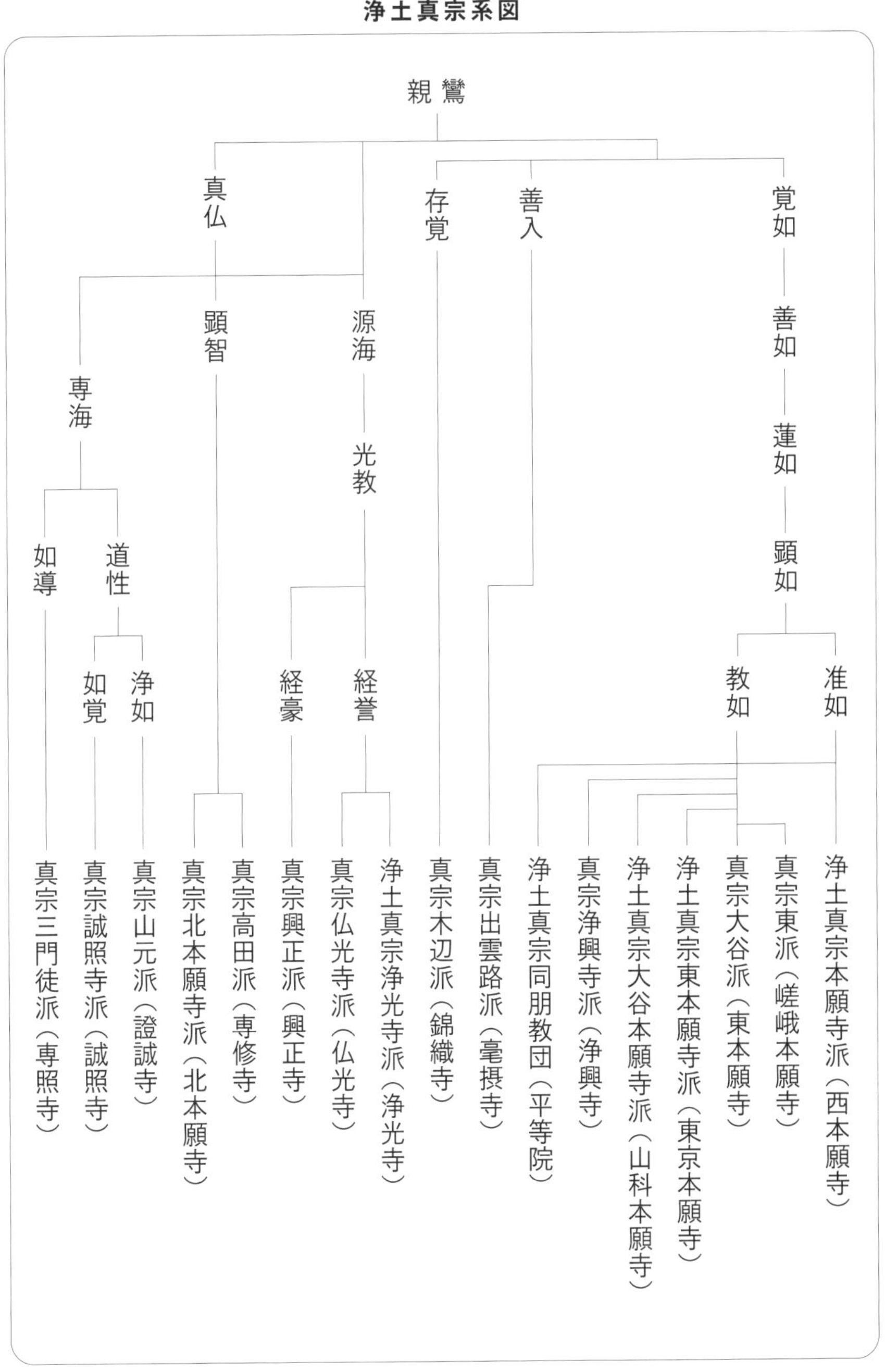
親鸞
真仏
存覚
善入
覚如
顕智
源海
善如
専海
光教
蓮如
如導
道性
顕如
如覚
浄如
経豪
経誉
教如
准如
真宗三門徒派（専照寺）
真宗誠照寺派（誠照寺）
真宗山元派（證誠寺）
真宗北本願寺派（北本願寺）
真宗高田派（専修寺）
真宗興正派（興正寺）
真宗仏光寺派（仏光寺）
浄土真宗浄光寺派（浄光寺）
真宗木辺派（錦織寺）
真宗出雲路派（毫摂寺）
浄土真宗同朋教団（平等院）
真宗浄興寺派（浄興寺）
浄土真宗大谷本願寺派（山科本願寺）
浄土真宗東本願寺派（東京本願寺）
真宗大谷派（東本願寺）
真宗東派（嵯峨本願寺）
浄土真宗本願寺派（西本願寺）

時宗

【宗　祖】一遍（一二三九〜一二八九）
【本　尊】阿弥陀如来
【経　典】無量寿経・観無量寿経・阿弥陀経
【総本山】清浄光寺（遊行寺）神奈川県藤沢市西富一─八─一
【寺院教会数】四一〇
【教師数】五一二
【信徒数】五九、〇〇〇

時宗は遊行宗とも呼ばれ、宗祖の一遍は、延応（一二三九）元年二月、伊予（愛媛県）の豪族である河野通広（出家名・如仏）の子として生まれ、出家したのち、十三歳で浄土宗西山流の聖達の弟子となり、師の命により華台のもとに赴くなどして浄土の教えを学んだ。父の死により故郷の伊予に戻ったが、親族間の確執により、再び出家して諸国を遊行し「捨聖」と言われた。

文永十一（一二七四）年、一遍は熊野権現から「六字名号一遍法、十界依正一遍体、万行離念一遍証、人中上々妙好華」（六十万人偈）という神託を直受したと言う。

一遍の念仏は、救済や往生を願うものではなく、一切を阿弥陀仏に任せ、阿弥陀仏の計らいによって浄土に往生できるというものである。一遍は、この念仏を徹底するため、極楽往生を保証するという賦算（念仏札）を配り歩いた。また、善悪、浄・不浄、信・不信を問わず、念仏を称えれば往生できるという喜びを、踊念仏（念仏踊り）で表した。

さらに、一遍が止住の寺を持たずに布教したので、歴代も寺を持たなかった。しかし四代・呑海は、正中二（一三二五）年に建立した相州藤沢の清浄光寺に止住し、この寺が現在の総本山となっている。

時宗は、室町時代末期には浄土真宗等に押されて宗勢が衰退したが、江戸時代になると「時宗十二派」と呼ばれるほどに弘まった。このうち一向派と天童派は昭和十八年に浄土宗に転じたが、その他は同二十七年に時宗として統合され、現在に至っている。

時宗 清浄光寺 本堂

【破折の要点】

▼浄土三部経は未顕真実の教え

釈尊は法華経の開経である無量義経に、

「四十余年には未だ真実を顕さず」
（法華経二三ページ）

と説き、さらに法華経方便品には、

「正直に方便を捨てて　但無上道を説く」
（同一二四ページ）

と説いて、四十余年の経々はすべて法華経に導くための方便の教えであり、法華経のみが真実の教えであることを明かしている。

浄土三部経が法華経以前に説かれた経典であることは、観無量寿経での阿闍世太子が、法華経では阿闍世王として聴衆に加わっていることなどからも明らかである。

このように、浄土宗等の所依の経典は、法華経以前の四十余年に説かれた方便の教えであり、未顕真実の教えである。

しかも唯一、真実である法華経を誹謗する浄土宗等は、釈尊の教えに背反している。したがって、この念仏を信仰することは、無間地獄の業を積む所為にほかならない。

▼依経の浄土経典にも背く念仏の邪義

浄土経典である無量寿経には、西方浄土の阿弥陀仏が念仏を称える者を救うと説かれている。しかし、阿弥陀仏が因位の法華経修行時に立てた別願の四十八願のなかには、例外として「唯五逆と誹謗正法とを除く」とある。

すなわち阿弥陀仏自身が、正法である法華経を誹る者は救えないと断言しているのである。したがって、浄土宗等の信仰は、自分達が本尊と仰ぐ阿弥陀仏の本願にも背いていることを知るべきである。

▼阿弥陀仏は迹仏

法華経化城喩品には、大通智勝仏の十六人の王子が示され、釈迦牟尼仏と阿弥陀仏が、それぞれ妙法蓮華経を信受することにより成仏した旨が明かされる。

また法華経譬喩品には、

「今此の三界は　皆是れ我が有なり　其の中の衆生　悉く是れ吾が子なり　而も今此の処
諸の患難多し　唯我一人のみ　能く救護を
為す」（同一六八㌻）

と説かれているように、釈尊こそが主師親の三徳を兼備した仏であり、娑婆世界で、一切の衆生を救っていく真実の仏であることが明かされている。

したがって、法華経に説かれる真実の仏を捨て、権りの仏を憑む浄土宗の教えでは、成仏はできないのである。

▼極楽浄土は、娑婆世界の衆生とは無縁の世界

浄土宗等では、念仏を称えれば阿弥陀仏の本願力によって、臨終ののち西方極楽浄土に往生できると言う。しかし、このような教えは、私達が住む現実の世界をきらう厭世思想や、今世では成仏できないという現実逃避の思想を生み出す元とな

る。

何より、現実に様々な苦悩に喘いでいる人々を今世で救えない教えでは、真実の教えとはならない。

法華経如来寿量品には、

「我常に此の娑婆世界に在って、説法教化す」（同四三一ページ）

「我常に此に住すれども」（同四三九ページ）

「我が此の土は安穏にして」（同四四一ページ）

とあり、真実の仏は常に娑婆世界に住して教えを示し、衆生を教化されると説かれている。その教えに信順することで、衆生は成仏を遂げることができるのである。

▼難行道・易行道の謬説

浄土宗等が主張する難行・易行の二道は、竜樹の『十住毘婆沙論』の文の真意を失うものである。『十住毘婆沙論』で説かれる難行道・易行道は、法華経以前の経教を難易の二道に分けたものであり、法華経はこの難易の二道には含まれていない。

この竜樹の真意を曲げて、浄土宗等では法華経を難行道に含め、末法の衆生に適した教えではないとしている。

また、仏法においては法の浅深・勝劣が第一に問われるべきであり、修行の難易によって信仰の対象を選別することは誤りである。

▼法華経を毀謗する罪

浄土宗では、

「若し法を聞くこと有らん者は一りとして成仏せずということ無けん」（方便品・同一一八ページ）

と説かれる法華経を、「未有一人得者、千中無一」等と誹謗している。西方浄土往生の教えを信ずる者は、法華経譬喩品に、

「この経を信じずに毀謗すれば、一切世間の仏種を断じ阿鼻地獄に入る」（同一七五ページ取意）

と説かれているように、無間地獄の苦を逃れることはできないのである。

五、禅　系

【沿革】

現在、日本では、禅系の宗派として臨済宗・曹洞宗・黄檗宗があり、これらを総称して禅宗と呼んでいる。このほかにも、平安末期に大日能忍が起こした日本達磨宗、鎌倉初期に心地覚心が起こした普化宗などがあったが、これらの宗は現在、廃絶している。

禅宗は、中国の菩提達磨を始祖として「教外別伝、不立文字」を標榜し、仏の説いた経論には依らず、坐禅によって悟りを得ようとする宗派である。仏の心印を伝える宗の意から「仏心宗」とも言い、また達磨を始祖とすることから「達磨宗」とも言う。

禅宗で依りどころとする大梵天王問仏決疑経によれば、釈尊は涅槃の時、大梵天王が捧げた一枝の蓮華（または金婆羅華）を黙って受け取り、拈って大衆に示した。その場の大衆は釈尊の意図するところが解らなかったが、摩訶迦葉のみがそれを理解して破顔微笑した（拈華微笑）。そこで釈尊は、

「吾に正法眼蔵・涅槃妙心・実相無相・微妙の法門有り、不立文字・教外別伝して（中略）摩訶迦葉に付属す」

と言って、仏の悟った深遠微妙の法門を経論・言辞に依らず、以心伝心をもって摩訶迦葉に付嘱したと言う。そして、その法は摩訶迦葉から阿難、商那和修と師資相承し、付法蔵の二十八祖として達磨に伝えられたとする。

南インドの僧であった達磨は、この教えを中国に伝えようとして、梁の武帝の時（五二〇年ごろ）北魏に入った。そして、嵩山（河南省）少林寺で面壁九年の坐禅を修し、中国禅宗の開祖となった。達磨は、楞伽経の疏五巻と禅法を二祖・慧可に相伝し、さらに三祖・僧璨、四祖・道信、五祖・弘忍と次第した。

弘忍門下に慧能と神秀の高弟があり、神秀は弘忍の法を受けた。神秀は北方の洛陽・長安にあって則天武后の帰依を受け、漸悟を主張したので、この法系は北宗禅・漸悟禅と言われた。

慧能は、南方に移って曹渓山（広東省）に住し、頓悟を主張したので、この法系を南宗禅・頓悟禅と言った。

この両法系を称して「南頓北漸」と言い、その後、慧能の南宗禅の法系が大きく発展し、中国禅として大成した。

南宗禅は六祖・慧能のあと、南嶽懐譲と青原行思の二系統に分かれ、これがさらに分派して五家七宗を形成した。五家とは、南嶽派の潙山霊祐と仰山慧寂が立てた潙仰宗、臨済義玄が立てた臨済宗の二宗と、青原派の洞山良价と曹山本寂が立てた曹洞宗、雲門文偃が立てた雲門宗、法眼文益が立てた法眼宗の三宗を言う。七宗とは、これらの五家に、臨済宗から分かれた楊岐方会が立てた楊岐派と、黄龍慧南が立てた黄龍派を加えたものを言う。その後、雲門宗は法系が絶え、潙仰宗・法眼宗は臨済宗に統合された。

禅宗が日本へ伝来したのは、飛鳥時代の道昭による。道昭は、孝徳天皇の白雉四（六五三）年に入唐し、法相唯識を学ぶとともに、慧可の法孫・相州隆化寺の慧満について禅を学んだ。帰朝後、法相学を弘めるとともに、飛鳥（奈良県）の元興寺に禅院を建てて禅法を修した。

次いで天平八（七三六）年には、唐僧・道璿が来朝し、華厳、律宗とともに北宗禅を伝えた。

このように禅宗は当初、他宗に付随する形で伝えられたが、鎌倉時代には、明庵栄西（一一四一～一二一五）が臨済宗を、永平道元（一二〇〇～一二五三）が曹洞宗を、さらに江戸時代には明の隠元隆琦（一五九二～一六七三）が来朝して黄檗宗を伝えた。

現在、臨済宗は天龍寺、妙心寺、建長寺など主に十四派に分かれ、曹洞宗は永平寺、総持寺の二大本山から成っている。

【教義の概要】

「禅」とは、サンスクリット語「ディヤーナ」やパーリ語「ジャーナ」の音写「禅那」の略で、心を静めて思惟するとの意である。この「禅」と意訳の「定」を併せて「禅定」と言う。

禅宗では、仏の悟りを「月」に、経典を「月を指す指」に譬え、指し示した指によって月を見たのちは指が不要となるように、仏の悟りを得たのちは、経典は必要ないとする。その教義は達磨の教外別伝、不立文字、直指人心、見性成仏の四句によって表される。

教外別伝・不立文字とは、釈尊の教えの真意は文字などで表現できるものではなく、経典とは別に心から心へと伝えられる（以心伝心）とする主張である。また、直指人心・見性成仏とは、経教を用いず、坐禅によって自己の本性が仏であると悟ることとする。

これらのことから禅宗では、禅宗以外の仏教は釈尊の教えを基とするため「教宗」と呼び、禅宗は釈尊の悟りの内容を基とするため「仏心宗」であると言っている。

〈本尊と経典〉

禅宗における本尊は釈迦牟尼仏、大日如来、薬師如来、観世音菩薩など、宗派によって異なっている。

また、教外別伝・不立文字を主張しながら、臨済宗・曹洞宗・黄檗宗とも、実際には法華経、金剛般若経、楞厳呪などの経典を用いている。

〈坐禅〉

禅宗では、坐して禅定を得ようとする坐禅を主な修行とする。臨済宗では壁を背にして座るが、曹洞宗では中国以来の面壁を守り、壁に対面して座る。

〈看話禅と黙照禅〉

看話禅とは、古人の遺した公案（禅問答）を工夫思惟して、本来の自己（仏心）に目覚め、悟りを開こうとする坐禅のことである。日本臨済宗はこの看話禅を受け継いでいる。

黙照禅（もくしょう）とは、黙々（もくもく）と壁に向かって坐禅する姿を、そのまま仏の行（悟りの姿）と見るものである。日本曹洞宗の道元はこれを受け継ぎ、「只管打坐（しかんたざ）」「修証不二」の禅を主張した。

臨済宗は、鎌倉幕府の庇護（ひご）のもとで上級武士層に弘まり、曹洞宗は一般民衆に弘まったため、俗に「臨済将軍、曹洞土民」と言われた。

臨済宗

【開　祖】（中国）臨済義玄
（日本）明庵栄西（一一四一～一二一五）

【本　尊】主に釈迦牟尼仏を安置するが、一定しない

【経　典】所依の経典は立てない

【大本山】妙心寺、建長寺、円覚寺、南禅寺等、十四派の各大本山

【寺院教会数】五、六七二（十四派合計）

【教師数】五、四〇四（同右）

【信徒数】一、四三〇、九四四
（十四派合計、うち二派は不明）

日本の臨済宗は明庵栄西を開祖とし、中国の南宗禅に属する臨済禅の流れを汲む宗派である。ただし、臨済宗という名の宗教法人は存在せず、妙心寺派、建長寺派など、十四派の総称である。

栄西は永治元（一一四一）年に、備中国吉備（岡山市）の神職の家に生まれた。十一歳の時に安養寺の静心に師事して天台宗の教えを学び、十三歳で比叡山に登って翌年得度し、台密を修学した。仁安三（一一六八）年、二十八歳の時に入宋し、中国の天台山に登り天台の典籍を持ち帰った。文治三（一一八七）年、四十七歳の時に再び入宋し、臨済宗黄龍派万年寺の虚庵懐敞から禅を学び、五年目に印可を得てその法を嗣いだ。

栄西（建仁寺 HP より）

栄西は建久二（一一九一）年に帰国して九州を中心に禅の布教を開始し、同六年、博多に日本最初の禅寺として聖福寺を建立した。これより先、禅宗の進出を恐れた比叡山の画策によって、朝廷から禅宗の弘通停止の命が下された。これに対して栄西は「禅は天台宗の開祖である最澄によって既に伝えられたものである」と反駁し、『興禅護国論』を著して、比叡山の禅宗批判に対抗した。

まもなく栄西は京都での布教をあきらめ、鎌倉を拠点とし、活動するようになった。

正治二（一二〇〇）年、北条政子の発願で鎌倉に寿福寺が建立され、栄西は開山として迎えられた。さらに建仁二（一二〇二）年、将軍・源頼家の寄進を受け、京都に建仁寺を建立して開山となった。栄西は、比叡山への配慮から建仁寺内に止観院、真言院を置き、天台・

臨済宗 妙心寺 仏殿

真言・禅の三宗兼学の道場とした。

このように栄西は、比叡山の反対を受けて教禅兼修の禅を修したが、本意は密教的性格の強い禅の宣揚にあった。そして建保三（一二一五）年七月、七十五歳で建仁寺に死去した。

臨済宗 建長寺 山門

栄西没後、円爾弁円（えんにべんねん）が宋に渡って臨済禅を伝え、京都に東福寺を開いた。鎌倉時代の半ば以降、宋から禅僧が多く迎えられ、北条時頼の招いた蘭溪（らんけい）道隆は建長寺を、北条時宗の招いた無学祖元は円覚寺をそれぞれ開創し、日本の臨済禅を興隆させた。このころから兼修禅より禅宗専修・純粋禅となっていった。

室町時代には臨済宗が全盛期を迎えた。臨済宗は朝廷と幕府の庇護（ひご）を受け、南宋で設けられた五山制度を移入して、建長寺・円覚寺・寿福寺・浄智寺・浄妙寺を鎌倉五山とし、天龍寺・相国寺（しょうこく）・建仁寺・東福寺・万寿寺を京都五山とした。さらに南禅寺を京都五山の上の別格寺院

臨済宗 円覚寺 三門

とした。

一方、鎌倉時代末期から室町時代にかけて、建長寺の南浦紹明（なんぽじょうみょう）（大応国師）、大徳寺の宗峰妙超（大燈（だいとう）国師）、妙心寺の関山慧玄（かんざんえげん）（無相大師）の系統があった。これらは「応燈関の一流」と呼ばれて後世まで勢力を持ち、現在の臨済宗はすべてこの法系に属している。

江戸時代には、禅の中興の祖とされる白隠慧鶴（はくいんえかく）が日本の臨済禅を確立し、妙心寺派、南禅寺派、東福寺派などの現在の臨済宗十四派は、すべて白隠の法系である。そのなかで最も大きな勢力を有するのは妙心寺派である。

〈臨済宗の特徴〉

臨済宗の教えの特徴は「脚下照顧（きゃっかしょうこ）」「衆生本来仏」にある。これは、凡夫は本来、仏であり、坐禅の修行によって自己に具わる仏性を見出だし、日常生活において宗教的人格を実現していくという教えで、作務（労働）を尊び、坐禅を重んじるものである。

また、臨済宗の坐禅は「公案禅・看話禅」とも言い、公案（参禅者に出す禅問答の課題）について考えながら坐禅を組むというものである。

臨済宗　南禅寺 本坊

曹洞宗

【高 祖】永平道元（一二〇〇～一二五三）
【太 祖】瑩山紹瑾（一二六八～一三二五）
【本 尊】釈迦牟尼仏等
【経 典】法華経、涅槃経、華厳経、般若経等
【大本山】永平寺 福井県吉田郡永平寺町志比五一五
総持寺 神奈川県横浜市鶴見区鶴見二―一―一
【寺院教会数】一四、五九三
【教師数】一五、五六三
【信徒数】三、七〇五、三六二

日本曹洞宗は、鎌倉時代、宋に留学した永平道元によって伝えられた。

道元は、正治二（一二〇〇）年に京都で生まれ、父は内大臣久我通親、母は摂政関白の藤原基房の娘である。幼くして両親を失い、建暦二（一二一二）年、十三歳の時に比叡山に登り、翌建保元年、第七十代天台座主・公円を師として出家し、仏法房道元と名乗った。比叡山で天台教学を学んだが「人は皆、元来、仏であるならば、なぜ修行をするのか」との疑問を抱き、解答を得られず、十八歳の時に下山した。その後、園城寺の公胤から渡宋して禅宗を学ぶことを勧められ、ひとまず栄西の門弟である建仁寺明全の弟子となり、臨済宗黄龍派の禅を学んだ。

道元は貞応二（一二二三）年、二十四歳の時、本格的に禅を修めるために、明全に随行して入宋した。中国では諸寺を歴訪して臨済禅を学んだが納得

道元（永平寺 HP より）

できず、天童寺の如浄に師事して曹洞禅を学んだ。道元は如浄の「参禅はすべからく身心脱落なるべし（坐禅はすべての煩悩を払って、無我の境界に至る）」との言葉で悟りを得たという。如浄から只管打坐を教えられた道元は曹洞宗を嗣ぎ、安貞元（一二二七）年に帰朝した。

道元は建仁寺に身を寄せ『普勧坐禅儀』を著して坐禅を勧めたが、天台衆徒の迫害を受け、寛喜二（一二三〇）年、深草安養院に移って興聖寺を創し、ここに十一年間住した。この時『正法眼蔵』の著述を始め、そのなかで道元は天台宗、真言宗の兼修禅を否定し、只管打坐の専修禅、純粋禅を主張した。

曹洞宗 永平寺

道元は寛元元（一二四三）年、四十四歳の時、越前（福井県）志比の山間に籠もって大仏寺を創し、根本道場と定めた。大仏寺は寛元四年に永平寺と改称し、現在、同宗の大本山となっている。

以後、道元は越前を拠点とし、『正法眼蔵』の執筆を進めた。建長四（一二五二）年に病にかかり、翌年、弧雲懐奘に永平寺を譲り、療養のため上京したが、八月二十八日、五十四歳で没した。

道元没後、二代・懐奘は十五年間、永平寺に住したが、文永四（一二六七）年、病により徹通義介に同寺を譲った。その後、教団の発展を目指す義介の派と、只管打坐の伝統を固守しようとした義演の派との間に確執が起こった。それから五年後、義介は永平寺を出て加賀の大乗寺に移った。この両派の争論は五十余年にわたり続いた。

そのあと、義介の門下から瑩山紹瑾が出て、能登櫛比（石川県門前町）に総持寺を開いた。のちに、総持寺は明治三十一（一八九八）年、火災のため諸堂伽藍を消失したことにより、同四十年に横浜鶴見に移転した。現在は福井の永平寺と鶴見の総持寺の二大本山制を取っている。

なお、曹洞宗には臨済宗のような分派は見られない。

〈曹洞宗の特徴〉

曹洞宗の「宗憲」第三条には、

「本宗は、仏祖単伝の正法に遵い、只管打坐、即心是仏を承当することを宗旨とする」

と規定している。

曹洞宗は臨済宗とは異なり、文字や知識は修行の妨げになるとして公案を用いない。目的を求めず黙々と坐禅をする「只管打坐」を重んじ、坐禅修行の姿そのものが仏・悟りである（修証不二）とする。

この曹洞宗の坐禅は、公案を中心とする臨済宗の坐禅に対して「見性禅、黙照禅」と呼ばれ、ひたすら坐禅することによって、自身のなかに仏性を見出だし、自らが本来、仏であるとの悟りが得られるとするものである。

また「宗憲」第五条には、

「本宗は、修証義の四大綱

曹洞宗 総持寺 仏殿

領に則り、禅戒一如、修証不二の妙諦を実践することを教義の大綱とする」

とあり、坐禅行のほかに日常生活において、懺悔滅罪、受戒入位、発願利生、行持報恩の四大綱領に則り、禅戒一如、修証不二を実践するとする。

臨済宗が朝廷や幕府などを中心に布教したのに対し、曹洞宗は道元の「一生不離叢林」（生涯、禅の修行の場を離れるな）との教えにより、一般民衆に浸透していった。

黄檗宗

【宗　祖】隠元隆琦（一五九二～一六七三）
【本　尊】釈迦牟尼仏
【経　典】心を宗とし無門を法門とする故に所依の経典を立てないが、化法として大小乗経論等を用いる
【大本山】萬福寺　京都府宇治市五ヶ庄三番割三四
【寺院教会数】四五一
【教師数】四一二
【信徒数】七五、一七九

黄檗宗は、明から来朝した隠元隆琦が京都宇治に黄檗山萬福寺を開創したことに始まる。黄檗宗の名称は明治九（一八七六）年に公称したものである。

隠元は、万暦二十（一五九二）年に中国の福建省で生まれ、二十九歳の時、同省福州府の臨済宗黄檗山萬福寺に入り、鑑源興寿について得度し、禅を修行した。また中国の各地を訪れ、密雲円悟や費隠通容のもとで修行を重ね、四十六歳の時、費隠のあとを受けて萬福寺を継いだ。

その後、隠元は萬福寺を弟子の慧門に譲り、肥前（長崎県）の興福寺（俗称・南京寺）逸然性融などの請いを受け、承応三（一六五四）年七月、六十三歳の

黄檗宗　萬福寺 大雄宝殿

時、二十余人の弟子と共に日本に渡来した。

隠元は、寛文元（一六六一）年八月、将軍・徳川綱吉の外護を受けて、山城の宇治に黄檗山萬福寺を建立した。なお、日本の黄檗山に対して、中国の黄檗山を古黄檗と言う。

寛文四年九月、隠元は萬福寺を木庵性瑫に譲り、同十三年四月、八十二歳で没した。

隠元没後の黄檗宗は、上皇や幕府の帰依を受けて全国に寺院が建立され、宗勢は大きく発展し、最盛期には末寺が一千を超えたという。

黄檗宗の僧には明からの留学生が多く、萬福寺の第十三代までは渡来僧が住持を務めていた。その後、和僧と唐僧が住職に就いた時代のあと、二十二代以降は日本の僧が住職となっている。

明治時代になると黄檗宗は、帰依していた諸大名の没落と廃仏毀釈の施策によって、廃寺となる寺院が続出した。

明治七（一八七四）年、政府の命で臨済宗に合併させられたが、二年後にはまた黄檗宗として分離独立し、今日に至っている。

〈黄檗宗の特徴〉

黄檗宗では、坐禅を重視するとともに、作務、朝夕の念仏、写経、食事の作法など、実践的な錬心の修行で仏の境地に至るように努力する、と説いている。

黄檗宗の第一の特徴は、念仏禅と言われるものである。黄檗禅は本来、臨済禅の一つであるが、臨済宗や曹洞宗の禅とは異なり、念仏を取り入れた念禅一致を説いている。ただし黄檗禅で言う浄土は、浄土教で言う西方浄土ではなく、己れの心のなかにあるとする浄土である。

隠元は、朝夕の勤行に『浄土讃』、阿弥陀経などを読誦し、参禅で仏心を極め、念仏によって阿弥陀を体得することを主張した。

第二の特徴は、読経の発音である。一般仏教では呉音で読経するのに対し、黄檗宗では唐音を用いている。

例えば「南無阿弥陀仏」も、読み方は「ナムオミトーフー」となる。また木魚、磬子、銅鑼、引磬等の鳴り物を使い、リズムに乗って経を読むことから「黄檗の梵唄（黄檗唐韻）」と言われる。

第三の特徴として、萬福寺の建築様式には中国明朝の様式が取り入れられている。

【破折の要点】

▼禅宗の付法蔵は欺瞞

禅宗では、釈尊の付嘱を受けた迦葉から第二十八祖の達磨が相承して中国に伝えた禅が仏法の正統であり、その法が自らに伝わったとする。

釈尊からの付法は、第二祖・迦葉、第三祖・阿難と次第して第二十四祖・師子尊者に至ったが、師子尊者は檀弥羅王に殺されたため、付法蔵は二十四代で断絶したにもかかわらず、禅宗では勝手に婆舎斯多、不如蜜多、般若多羅と次第させ、第二十八祖・達磨に付嘱されたとする。

これに対して、日蓮大聖人は『聖愚問答抄』に、

「二十八祖を立つる事、甚だ以て僻見なり。禅の僻事是より興るなるべし。今慧能が壇経に二十八祖を立つる事は、達磨を高祖と定むる時、師子と達磨との年紀遥かなる間、三人の禅師を私に作り入れて、天竺より来たれる付法蔵系乱れずと云ひて、人に重んぜさせん為の僻事なり」（御書三九八㌻）

と破折されている。

このように禅宗の付法蔵は、なんの根拠もない、捏造した系譜にほかならない。

▼「拈華微笑」は根拠のない作り話

道元は、大梵天王問仏決疑経の「拈華微笑」の説話を『正法眼蔵』に引用して自宗の依りどころとし、釈尊一代の聖教には真実を顕さず、真実の法は釈尊が迦葉一人に、一代の教えのほかに、別に伝えたと言う。

釈尊が、迦葉に付法蔵の第一として小乗の法を付嘱されたことは事実であるが、釈尊の涅槃の時、迦葉はその場にいなかったことが明らかであり、大梵天王問仏決疑経にある、釈尊が華を拈って迦葉のみが笑みを浮かべたという話は、根拠のない作り話である。

▼教外別伝、不立文字の矛盾

禅宗が主張する教外別伝の根拠は、大梵天王問

仏決疑経の、

「吾に正法眼蔵・涅槃妙心・実相無相・微妙の法有り、不立文字・教外別伝して（中略）摩訶迦葉に付属す」

との文である。

禅宗では、これを根拠に「教外別伝、不立文字」と言い、仏の真意は文字を立てず、心から心へ伝わると言うが、「教外別伝、不立文字」と仏が説いたこと自体が教えであり、言葉であり、文字として残っているものである。

また、文字を立てないのであれば、当然、経典等を用いないことになるが、教外別伝の根拠を大梵天王問仏決疑経の経文に依っていることは、自語相違である。

しかも、禅宗が依経としている大梵天王問仏決疑経は、唐時代末の慧炬の『宝林伝』に記されているのみで、大蔵経の古録である『貞元釈教録』『開元釈教録』にもその名称はない。このことから、大梵天王問仏決疑経は古来、偽経とされているのである。

また、達磨は楞伽経四巻を註釈した書五巻を作り、第二祖・慧可に禅の法を伝えたとしているが、これもまた「不立文字、以心伝心」の教えに自語相違している。

一代聖教を誹謗し、経典を捨て去り、「教外別伝、不立文字」を立てる禅宗は、涅槃経に、

「若し仏の所説に随わざる者あらば、是れ魔の眷属なり」

と説かれるように、天魔の所業と言うべきである。

▼直指人心、見性成仏は邪説

禅宗では「直指人心、見性成仏」と言い、経教を用いず、坐禅によって見る自己の心の奥底にある本性が仏性であり、仏そのものとする。たしかに円教の理においては十界の衆生はすべて仏性を具えているが、それは単なる理具であって実際の仏ではない。

三毒強盛の凡夫の迷いの心をいかに見つめても、仏心を観ずることも、仏性を活現することも

できない。故に、釈尊は涅槃経に、

「心の師と作るとも心を師とせざれ」

と説かれ、我々凡夫の迷いの心を師匠とすべきではない、と誡められているのである。

仏の経説を蔑ろにし、「是心即仏、即心是仏」などと凡夫の心を仏とする禅宗の主張は、増上慢以外の何ものでもない。

禅宗系図

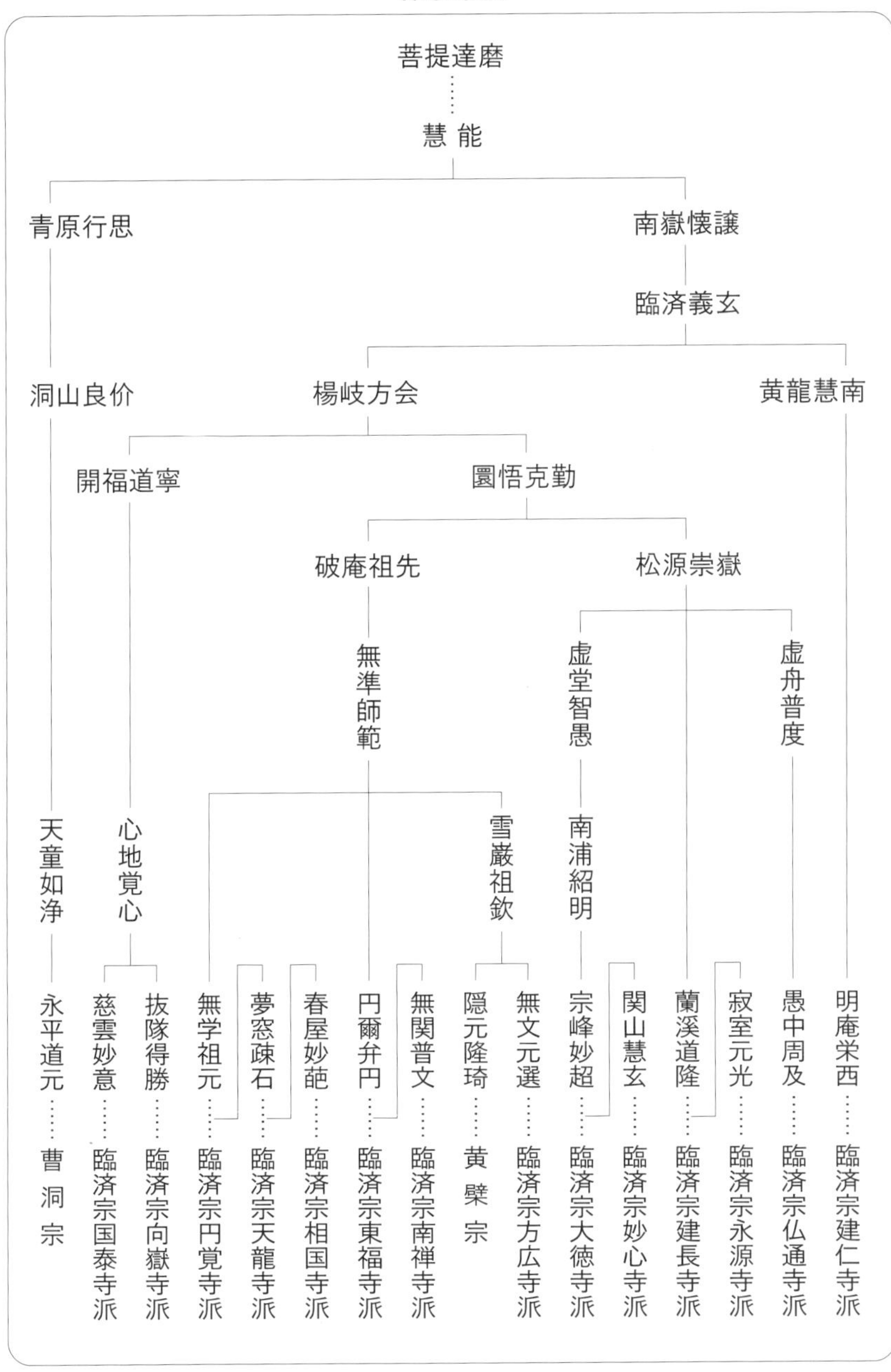
菩提達磨
慧能
青原行思
南嶽懐譲
臨済義玄
洞山良价
楊岐方会
黄龍慧南
開福道寧
圜悟克勤
破庵祖先
松源崇嶽
無準師範
虚堂智愚
虚舟普度
天童如浄
心地覚心
雪巌祖欽
南浦紹明
永平道元……曹洞宗
慈雲妙意……臨済宗国泰寺派
抜隊得勝……臨済宗向嶽寺派
無学祖元……臨済宗円覚寺派
夢窓疎石……臨済宗天龍寺派
春屋妙葩……臨済宗相国寺派
円爾弁円……臨済宗東福寺派
無関普文……臨済宗南禅寺派
隠元隆琦……黄檗宗
無文元選……臨済宗方広寺派
宗峰妙超……臨済宗大徳寺派
関山慧玄……臨済宗妙心寺派
蘭溪道隆……臨済宗建長寺派
寂室元光……臨済宗永源寺派
愚中周及……臨済宗仏通寺派
明庵栄西……臨済宗建仁寺派

『諸宗破折ガイド』分冊版①

仏教各宗

令和四年九月十二日　初版発行

編集　日蓮正宗宗務院

発行　株式会社大日蓮出版
静岡県富士宮市上条五四六番地の一

ISBN978-4-910458-11-3

ISBN978-4-910458-11-3
C0015 ¥ 364 E

定 価　400 円
（本体 364 円）⑩

大 日 蓮 出 版

ISBN978-4-910458-11-3
C0015¥364E
定価　400 円
（本体364円＋税10%）

諸宗破折ガイド①
仏教各宗